大学思政研究丛书

高校思想政治教育创新研究

刘杰　赵立成　张阳·著

GAOXIAO SIXIANG ZHENGZHI
JIAOYU CHUANGXIN YANJIU

四川大学出版社
SICHUAN UNIVERSITY PRESS

图书在版编目（CIP）数据

高校思想政治教育创新研究 / 刘杰，赵立成，张阳著. — 成都：四川大学出版社，2024.4
（大学思政研究丛书）
ISBN 978-7-5690-6861-0

Ⅰ. ①高… Ⅱ. ①刘… ②赵… ③张… Ⅲ. ①高等学校—思想政治教育—研究—中国 Ⅳ. ①G641

中国国家版本馆CIP数据核字（2024）第086292号

书　　名：	高校思想政治教育创新研究
	Gaoxiao Sixiang Zhengzhi Jiaoyu Chuangxin Yanjiu
著　　者：	刘　杰　赵立成　张　阳
丛 书 名：	大学思政研究丛书
丛书策划：	庞国伟　梁　平
选题策划：	陈　纯
责任编辑：	陈　纯
责任校对：	孙滨蓉
装帧设计：	裴菊红
责任印制：	王　炜
出版发行：	四川大学出版社有限责任公司
地　　址：	成都市一环路南一段24号（610065）
电　　话：	（028）85408311（发行部）、85400276（总编室）
电子邮箱：	scupress@vip.163.com
网　　址：	https://press.scu.edu.cn
印前制作：	四川胜翔数码印务设计有限公司
印刷装订：	成都金龙印务有限责任公司
成品尺寸：	170mm×240mm
印　　张：	10.125
字　　数：	194千字
版　　次：	2024年5月 第1版
印　　次：	2024年5月 第1次印刷
定　　价：	46.00元

扫码获取数字资源

四川大学出版社
微信公众号

本社图书如有印装质量问题，请联系发行部调换
版权所有 ◆ 侵权必究

前　言

时代的向前发展和科技的飞速进步，带动了我国高校教育的创新和改革，中国特色社会主义进入了新时代。习近平总书记在全国高校思想政治工作会议上指出："高校思想政治工作关系高校培养什么样的人、如何培养人以及为谁培养人这个根本问题。"由此我们可以看出祖国需要的人才，仅靠专业的技能和极强的知识经验储备是远远不够的，更需要加强自身思想道德方面的建设，树立正确的思想道德观念才能符合当今社会对人才的要求。

高校思想政治教育对培养大学生个人的思想政治素养有着重要的作用。自中华人民共和国成立以来，我国思想政治教育经历了从传统到现代的过渡，面临着许多新的挑战。高校作为培养人才的摇篮，其思想政治教育在我国思想政治教育中无疑占据着重要的地位，并发挥着重要的作用。一方面，高校思想政治教育有利于提高大学生的思想政治素质，促使其成为新时代中国特色社会主义事业的建设者；另一方面，高校思想政治教育对我国实现全面建成小康社会，推进中国特色社会主义现代化事业有着重要的现实意义。然而，我国已进入社会转型期，高校思想政治教育在这一时期面临着许多新问题、新情况。在这种形势下，高校对大学生进行思想政治教育时就要分析新问题、思考新情况，不断开拓高校思想政治教育的新视野，使高校的思想政治教育反映出时代的新特征，推进高校思想政治教育的时代化。

当前世界的多极化发展以及全球经济化的特征日益明显，大学生存在思想道德以及法律政治素质水平不高的情况，那么，如何提升当前我国高校思想政治教育工作水平，是一件亟待解决的重要事情。鉴于此，本文着重分析阐述了当前高校思想政治教育面临的机遇和挑战，深入分析研究了高校思想政治教育的发展现状，并从内容创新、方法创新、队伍建设创新、环境建设创新等方面提出相应的策略，旨在为促进我国高校思想政治教育水平的提升贡献绵薄之力。

本书由内蒙古电子信息职业技术学院刘杰、锦州医科大学赵立成、辽宁大学张阳共同撰写。在本书撰写过程中,笔者收集并阅读了国内外大量优秀学者的著作和论文,并参考了其中部分内容,在此向他们表达最诚挚的谢意。

由于笔者水平有限,书中难免存在不足之处,敬请读者批评指正。

目 录

第一章 绪论……………………………………………………………（ 1 ）
第二章 高校思想政治教育的概述………………………………（ 12 ）
　第一节 高校思想政治教育的内涵与特征……………………（ 12 ）
　第二节 高校思想政治教育的地位与功能……………………（ 18 ）
　第三节 高校思想政治教育的发展历程………………………（ 21 ）
　第四节 高校思想政治教育的内容和方法……………………（ 27 ）
第三章 高校思想政治教育面临的机遇和挑战…………………（ 34 ）
　第一节 高校思想政治教育的影响因素………………………（ 34 ）
　第二节 高校思想政治教育的机遇……………………………（ 39 ）
　第三节 高校思想政治教育的挑战……………………………（ 42 ）
第四章 高校思想政治教育的指导思想…………………………（ 54 ）
　第一节 坚持中国特色社会主义理论…………………………（ 54 ）
　第二节 坚持服务于党和国家中心工作………………………（ 55 ）
　第三节 坚持中国共产党的领导………………………………（ 56 ）
　第四节 强化思想政治教育的针对性…………………………（ 58 ）
第五章 高校思想政治教育的内容创新…………………………（ 68 ）
　第一节 高校思想政治教育内容创新的目标与依据…………（ 68 ）
　第二节 高校思想政治教育内容创新的任务与要求…………（ 75 ）
　第三节 高校思想政治教育内容创新的策略…………………（ 82 ）
第六章 高校思想政治教育的方法创新…………………………（ 90 ）
　第一节 高校思想政治教育的方法……………………………（ 90 ）
　第二节 高校思想政治教育方法创新的原则…………………（ 93 ）
　第三节 高校思想政治教育方法创新的策略…………………（100）

第七章 高校思想政治教育的队伍建设创新 …………………………… (109)
 第一节 高校思想政治教育队伍及队伍建设的必要性 …………… (109)
 第二节 高校思想政治教育队伍建设现状分析 …………………… (114)
 第三节 高校思想政治教育队伍建设创新的策略 ………………… (121)

第八章 高校思想政治教育的环境建设创新 …………………………… (129)
 第一节 高校思想政治教育环境建设的基本理论 ………………… (129)
 第二节 高校思想政治教育环境建设现状分析 …………………… (133)
 第三节 高校思想政治教育环境建设创新的策略 ………………… (137)

第九章 高校思想政治教育的发展展望 ………………………………… (147)
 参考文献 ………………………………………………………………… (150)

第一章 绪论

不同的时代有其鲜明的特色，指引着文化教育前行的方向。新的时代是传承精华的时代、创新发展的时代、互联网的时代、追求卓越的时代、迈向中华民族伟大复兴的时代。新时代背景下，社会主要矛盾的转化、国内外环境的变化以及新生代大学生特征的变化，对思想政治教育提出了新挑战和新诉求，大学生思想政治教育也要顺应时代要求，与时代同频共振。而高等学校作为培养优质人才的重要阵地，更加需要深刻把握新时代的内涵，应充分认识到，思想政治教育内容的甄选、优化和创新能否达到时代的要求。立足思想政治教育的特征，紧扣新时代的新要求，找准不足之处，优化思想政治教育内容，增强吸引力，提升育人魅力和实效，把高校的思想政治工作放在更加突出的位置上。

一、研究背景

自改革开放以来，在党中央的高度重视和各地区各部门的切实努力下，高校思想政治教育工作取得了积极进展，为培养高素质人才、推动高等教育事业的发展、维护学校和社会稳定等方面发挥了重要作用。

（一）党中央高度重视高校思想政治教育工作

1. 党中央一贯重视高校思想政治教育

大学生是十分宝贵的人才资源，是民族的希望、祖国的未来。加强和改进高校思想政治教育，提高大学生的思想政治素质，具有重大而深远的战略意义。

《关于进一步加强和改进大学生思想政治教育的意见》发表之后，各地各部门更加重视加强和改进大学生思想政治教育。全国各高等院校纷纷以丰富多彩、形式多样的主题教育活动对大学生进行思想政治教育，立志培养德、智、体、美、劳全面发展的社会主义合格建设者和可靠接班人。

2. 社会各界关心和支持大学生健康成长

党和政府高度关心与支持大学生的健康成长。多年来，党和政府出台了一系列惠及大学生的政策，确保每个大学生不会因资金困难而失学，"绿色通道"便是政策之一。同时，助学贷款的额度适当增大，以及偿还期限适当延长，基本上保障了大学生的健康成长。此外，国家励志奖学金、企业奖学金、优秀大学生特困补助等资助政策，都为大学生提供了帮助。

家庭也在大学生健康成长中发挥了重要作用。家庭是首要的初级群体，是社会构成的细胞，是个体早期社会化的第一个社会环境和继续社会化的重要环境。家庭对个体的影响，特别是对个体早期的影响是具有决定作用的。在现代社会，家庭仍然具有社会化等功能，对大学生个体的健康成长发挥着重要作用。

各级群众组织关心和支持大学生健康成长。工会、共青团、妇联是党领导的工人阶级、先进青年、广大妇女的群众组织，是党联系群众的桥梁和纽带，是推动大学生健康成长的重要力量。

主流大众传媒在大学生健康成长中发挥了重要作用。主流大众传媒通过社会舆论、社会活动、社会影响等途径，对大学生开展教育活动。它代表社会大多数人的意见和看法，对大学生的健康成长起到了导向作用。

（二）高校加强和改进大学生思想政治教育取得显著成效

1. 提高对高校思想政治教育重要性的认识

在高等教育中，高校思想政治教育的地位和作用是一个根本性的问题。我们党历来高度重视高校思想政治教育，十分关心青年大学生的健康成长。长期以来，为推进高校思想政治教育，制定了一系列重要的方针和政策，采取了一系列行之有效的措施，并进行了不懈努力。1949年以后，我国社会主义事业之所以能够不断发展进步、充满生机和活力，极其重要的一条，就是我们党成功地培养与造就了亿万社会主义事业的建设者和接班人。

高校思想政治教育是社会主义高等教育的显著标志。高校思想政治教育直接反映了经济和政治对培养人才的要求，是我国高等教育社会主义性质的鲜明体现。社会主义高等教育的性质和目的是由社会主义制度的性质所决定的，它规定了社会主义大学的政治方向和培养目标。我国的大学是社会主义性质的培养各种专门人才的机构，我国的高等学校必须坚持党的领导，坚持社会主义方向，坚持以马克思主义世界观和共产主义道德教育引导学生。

高校思想政治教育是社会主义精神建设的重要方面。高等学校是建设社会主义精神文明的重要基地。精神文明建设在高校的任务是提高大学生的思想道德素质和科学文化素质，把学生培养成为有理想、有道德、有文化、有纪律的专门人才。高校思想政治教育是高等教育的重要组成部分，在社会主义精神文明建设中占有十分重要的地位。第一，它直接担负着在大学生中完成思想建设要求的任务。第二，高校思想政治教育的成果会给整个社会精神文明建设带来积极的影响。第三，高校思想政治教育的成果对于社会主义精神文明建设具有长期作用。

高校思想政治教育工作是高校其他一切工作的生命线。思想政治教育工作为高校其他一切工作提供强有力的思想保证和强大的精神动力。第一，确保马克思列宁主义的指导地位，指引高校其他一切工作的社会主义方向。第二，保证党的路线、方针和政策的贯彻与实施。第三，间接地参与学校的教书育人等实际工作，促进学校各项工作的全面发展。第四，振奋人的精神，提高生产和工作的积极性、主动性和创造性。第五，培育社会主义新人，促进人的全面发展。

2. 健全的大学生思想政治教育体制

高校思想政治教育体制包括三个：领导体制、管理体制和工作体制，这是高校思想政治工作中各种关系的制度化形式。

第一，加强党对大学生思想政治教育的领导。目前，各级党组织从以下几个方面着手：一是加强对大学生思想政治教育的领导，即强化责任意识。二是建立健全党内思想政治工作领导制度。三是选好党委领导班子。

第二，建成一支强有力的思想政治工作队伍。思想政治工作队伍是个多元网络，包括政治辅导员、班主任、教师和行政工作人员等。加强政治辅导员在高校思想政治教育工作中的组织者和教育者的地位和作用；强化班主任在指导学生的学习、协调教学工作、搞好思想政治教育、关心学生生活等方面的职责；强调任课教师在高校思想政治教育中的引导作用；重视学校行政人员在高校的管理育人工作。

第三，建立健全高校思想政治教育管理机构。完善以高校各级党委职能部门为主的思想政治教育管理机构；发展心理咨询中心、就业指导中心、社会工作与社团指导中心等学生工作机构。

此外，各高校还广泛开展了形式多样的思想政治教育活动，比如，通过马列主义理论课、形势政策课与共产主义思想品德课对大学生进行思想政治教育，充分发挥课堂教学在高校思想政治教育中的主导作用。高校还通过加强社会实践，对大学生进行思想政治教育，发挥第二课堂的教育功能；各高校大力加强校园文化建设，在加强德育与智育的基础上，加强大学生体育、美育与劳动技术教育，全面培养大学生素质。

3. 广泛开展形式多样的思想政治教育活动

通过马列主义理论课、形势政策课与共产主义思想品德课对大学生进行思想政治教育，充分发挥课堂教学在高校思想政治教育中的主导作用。马列主义理论课、形势政策课与共产主义思想品德课以及日常思想政治工作，是学校通过教师和政工干部向大学生进行思想政治教育的主要渠道，是在一定的教学时间里，用课程形式对学生集中进行的教育活动。

加强社会实践、发挥第二课堂的教育功能。近年来，高校社会实践活动不断发展，呈现了生机勃勃的喜人局面，不仅规模较大、领导重视，而且形式也灵活多样。其中，具有典型意义的形式主要有军训、公益劳动、专业实习、暑期社会实践、课外科技活动、勤工俭学活动、挂职锻炼、社会服务等。

加强校园文化建设。一是大力培养优良的校风、学风。二是建立、健全优良的制度体系。三是建设和维护优美和谐的校园文化环境。四是组织和推动丰富多彩的校园科技文化体育活动。

在加强德育与智育的基础上，加强大学生体育、美育与劳动技术教育，开展丰富多彩的课外活动。只有德、智、体、美、劳全面发展，才能培育全面发展的人才，尤其是体育、美育和劳动技术教育对于大学生全面素质的培养，有独特的、必不可少的作用。通过课堂教育，如篮球课、音乐欣赏课、手工制作课来促使大学生体、美、劳的发展。同时，也可开展形式多样的课外文体活动，如组织各种学生社团与协会，举办大学生科技文化艺术节，以及日常的文化、体育活动等。

高校心理咨询工作的开展。高校心理咨询工作的开展，对大学生处理好学业、成才、择友、健康、生活等方面的问题，促进大学生德、智、体、美、劳全面发展起到了积极的作用。同时，大学生心理咨询工作的开展，是社会的需要、时代的要求，更是高等教育发展的需要。

二、研究现状

单从"思想政治教育"一词来看,"思想政治教育"其实是我国所特有的名称与概念。与中国不同的是,其他国家经常使用公民教育、道德教育、国民精神教育、共同价值观教育等名称来指涉"思想政治教育"工作。国内对于思想政治教育及其方法创新的研究已经颇有成果,许多专家学者从不同角度出发,分析了目前思想政治教育存在的滞后性和所处的困境,并从不同角度给出了建议。国外虽然没有直接对思想政治教育这一说法的研究,但是对于公民教育、道德教育等方面有着自古希腊就开始延续的历史渊源,传承发展至今也留下了不少可供参考借鉴的研究成果。

(一)国外研究现状

整理文献发现,由于外国并没有"思想政治教育"这一概念,所以主要是对公民教育、德育等方面进行研究。国外学者对于现代社会的研究成果颇多,本书主要从其历史渊源进行分析和研究。

1. 关于公民教育的研究

西方的公民教育有着悠久的历史渊源。在历史发展的长河中形成了多个不同的派别,同时也涌现出大批优秀的教育家。公民教育在其漫长的历史发展中,以古希腊的民主教育、古罗马的法制教育、中世纪的平等教育、文艺复兴时期的自由教育、启蒙运动时期的天赋人权教育、现代西方的公平正义教育等为时间节点,形成了独特的西方公民教育流派。西方自由主义德育范式的源头在于柏拉图的《理想国》,在柏拉图的哲学中,一切道德伦理价值都来自于分析和逻辑推理,其成立与否,必须得到推理论证。从这一点来看,柏拉图首先就将西方的道德伦理置于一个科学的逻辑推理的基础上,这最终导致了西方的德育基于科学推理而非基于信仰。在创立和完善罗马法的过程中,罗马法学家最早赋予法律以权利的正式含义,把法律看成确认和捍卫权利的规则。同时,把蕴涵于自然法中的自由、平等理念转化为实在法的原则。进入现代社会德育的理论不断发展。皮亚杰通过"对偶故事法",找到了儿童道德发展的规律,即由他律到自律的转化过程。柯尔伯格系统地扩展了皮亚杰的理论和方法,提出了人类道德发展的顺序原则,并提出了他的品德发展阶段理论。

2. 关于教育方法的研究

西方教育方法的萌芽可以追溯到古希腊和古罗马时代。苏格拉底以其雄辩和与青年智者的问答法而著名，这种教育方法又称为"产婆术"；柏拉图重视早期教育，是"寓学习于游戏"观点最早的提倡者；亚里士多德把教育划分为体育、德育、智育，并提出了"教育要遵循自然"的原则；马库斯·法比尤斯·昆体良撰写了世界上第一部研究教育教法的著作——《雄辩术原理》，被称为"欧洲古代教育理论发展的最高成就"。近代以来，西方教育方法的发展过程中亦是出现了些许耳熟能详的名字，培根首次将教育学单独作为一门独立的学科与其他学科相并列；夸美纽斯发表了《大教学论》，被誉为"教育学之父"；约翰·杜威的实用主义教育学提出的"五步教育方法"至今仍然是教育方法中的重要基础；让·皮亚杰所提出的活动教育方法，强调参与活动的重要性，时至今日依旧影响深远。除此之外，西方许多的优秀教育方法都在全世界影响甚广，使用人数众多。

（二）国内研究现状

国内关于思想政治教育的研究颇多，专家学者已经注意到了进入现代社会之后传统思想政治教育的滞后性及其所处的困境，并从不同角度和领域提出了建设性的建议。同时，关于现代化的研究成果也颇为丰硕。

1. 关于思想政治教育的研究

整理文献发现，关于思想政治教育的研究已经有多年的历史，成果丰硕，角度繁多，形成了颇多优秀的理论成果。

第一，思想政治教育基本理论方面。思想政治教育经过长久的发展，在继承中不断发展创新，已经形成了完备的理论体系。思想政治教育学也作为一门学科形成了一整套学科体系，成为了当代大学生不可或缺的一门学科。孙其昂（2012）在《思想政治教育学前沿研究》中，以现代社会为立足点探讨了思想政治教育学科的相关前沿问题。前半部分探讨思想政治教育学科的基本问题，包括其概念、实践、学科、教育环境等；后半部分探讨了思想政治教育理论与实践前沿问题，阐述了思想政治教育人、思想政治教育本质、思想政治教育基本精神、思想政治教育现代性、思想政治教育现代转型和思想政治教育系统论等。

第二，思想政治教育方法论方面。思想政治教育方法论作为已经发展多年的学科，在其学科体系中占有重要地位，并且已经达成了不小的成就。马超（2014）在《思想政治教育方法论现代性研究》中以思想政治教育方法论与现代性的基本理论为研究基础，以思想政治教育学科体系建构的理论需要、思想政治教育方法论与时俱进的内在需要及国内外思想文化融合与适应时代要求的外在需要为研究依据进行研究。思想政治教育方法论现代性研究构成了思想政治教育方法论的新视域，对这一问题的研究，从理论方面能够表征思想政治教育方法论发展的合理性；推进思想政治教育方法论的理论创新；拓展思想政治教育方法论的研究方法，从实践方面能够塑造全面与个性协调发展的现代化人才；强化教育者和受教育者的双向互动关系；促进思想政治教育实践活动的顺利开展。高立伟（2010）在《思想政治教育方法论现代转换》中，以改革开放为时间节点，分析了改革开放以来，对思想政治教育方法论本身的理论内容研究较少，更多的是注重把这一方法论用于实践活动。作者敏锐地意识到这一现象的弊端，于是对方法论理论本身进行了细致的研究，只有将理论和实践放在相对等的位置上，思想政治教育方法论才能走向科学。

2. 关于思想政治教育创新的研究

国内专家学者对于思想政治教育的问题已经有所察觉，并着手展开研究，从不同角度分析现代思想政治教育的困境并给出相应的建议。

第一，从科技发展的角度来看。科技的发展衍生出了微信、微博等"微媒体"，思想政治教育可以借助这一类工具更好地发挥作用，实现价值。郭纯生、顾振华、徐雁华、郭琴（2014）在《"微时代"下大学生思想政治教育的应对策略——以创新扩散理论为依据》一文中把创新扩散理论作为理论依据将大学生思想政治教育置于新媒体的语境之下研究其创新发展的路径。他们的观点是，必须借助新媒体的优势来把握大学生意识形态领域的主流声音。季海菊（2017）在《转型何以必要：大数据时代高校思想政治教育》一文中认为，面对大数据时代的新机遇，需要高校思想政治教育主动转型，只有确立大数据的新理念，提升大数据的运用能力，推广大数据的应用方法，优化大数据的思政内容，完善大数据的相关制度，才能保证高校思想政治教育切实收到实效。赵佳寅（2017）在《大学生思想政治微教育模式研究》中以"微时代"为时代背景，把大学生带入这一时代背景中，分析"微媒体"对大学生思想政治教育的影响，研究两者之间的交互行为，以此为基础创新大学生思想政治"微教育"的方式和途径。孙飞、赵攀（2016）在《互联网+时代下高校思想政治教育创新研究》中从"互联网+时代"涵义及研究的意义谈起，从依托互联网建立网站到开发和利用手机 App 软件为教育服务着手，以创新研究概况分析为突破口试图找到高校思想政治教育的创新路径。

第二，从创新的角度来看。创新是发展的不竭动力，思想政治教育同样需要创新。刘芳（2018）在《传统德育资源的当代挖掘与现代性转化》一文中从传统德育的角度出发，认为可以通过在学校中发掘传统的德育资源、在家庭中挖掘传统德育资源、在社会中弘扬德育文化三个维度来提高传统德育资源的开发利用效率。在具体的实施过程中，从理念、思维、体系、目标四个方面入手，多维度发掘德育资源，创新德育方法，实现教育成效。蒋德勤、侯保龙（2016）在《高校思想政治教育实践育人创新路径》一文中认为思想政治教育的实践性间接体现了明确的目的性、平等的主体性、高度的渗透性和鲜明的时代性；实践育人的思想政治教育具有吸引力、感染力、针对性和实效性等价值蕴涵；应从理念、内容、途径、机制四个方面寻求高校思想政治教育以实践的形式达成效果的创新方法。张明珠、李月衡（2017）在《当代中国思想政治教育转型及其对策研究》中分析了传统思想政治教育存在的教育内容脱离实际、教育方法单一乏味、教育者与教育对象脱节等现实问题，提出高校思想政治教育转型升级工作迫在眉睫。董海涛、单学亮（2017）在《经济新常态下思想政治教育的现代转型》中分析了进入新时代以后，思想政治教育因为系统滞后、内容老套、观念落后的原因而致使实效性不强的问题。经济发展新常态提出了思想政治教育现代化转型的新要求，也为思想政治教育现代化提供了历史机遇。新的时代背景下，必须要结合时代特征和社会主义市场经济发展需要推动思想政治教育的现代转型，更好地服务"两个一百年"目标的顺利实现。黄蓉生、白显良、张勇华（2008）在《社会主义核心价值体系视域下大学生思想政治教育创新》中把大学生的思想政治教育创新放在社会主义核心价值体系的视域下，让社会主义核心价值体系作为精神土壤为创新思想政治教育提供养分，帮助创新其形式。

三、研究意义

高校思想政治教育过程影响着大学生的思想行为，大学生的思想行为给高校思想政治教育提供了反馈，反过来也影响着高校思想政治教育的发展方向。因此，高校思想政治教育的创新研究，对大学生思想道德水平的提高以及高校思想政治教育的有效展开有着至关重要的意义。

(一) 理论意义

高校思想政治教育创新研究的目的不仅在于满足高校思想政治教育的理论需要，还要达到最大的社会效果和实际教育效果。高校思想政治教育创新主要有以下理论意义。

第一，为思想政治教育理论的研究提供借鉴。马克思主义是科学的世界观和方法论，对于解决不同历史时期的不同问题都能起到重要的指导作用。21世纪以来，思想政治教育继承了我国传统教育模式的大体框架和优秀精神，并在这一过程中不断推陈出新，逐步构建起相对完善的体系。本书以历史的角度为出发点，梳理了思想政治教育方法的发展历程，对思想政治教育的创新相关理论都具有一定的意义。

第二，丰富了现代化视域下思想政治教育的方法论结构体系。纵观思想政治教育学科近40年的发展，我国的思想政治教育学科已经形成了基本完善的结构体系和理论系统，并且在长期的教育实践中得以实行。改革开放四十多年来，思想政治教育越来越被相关教育部门重视，思想政治教育工作在稳步前进中健康发展。党的十八大以来，习近平同志多次强调了思想政治教育工作的重要性。他强调："做好高校思想政治工作，要因事而化、因时而进、因势而新。"与时俱进是马克思主义的优秀品质，思想政治教育亦从来不是原地不前的，也是需要与时俱进的。

第三，促进高校思想政治教育的科学化。加强和改进教育内容，既满足了大学生对思想政治教育知识的需要，又使大学生在复杂的社会实践中能及时获得思想政治教育理论的指导，同时对更新教学内容、提高教材质量也起到了积极的推动作用。内容如何定位，怎样创新，如何在突出重点教育内容的同时又侧重与时俱进的教育内容，都需要进行深入的探讨与研究。对这些方面的深入研究，有助于将教育内容置于科学的基础之上。

第四，推进大学生对思想政治教育内容的共识。高校思想政治教育的创新研究是在科学的基础上对高校思想政治教育体系的整体构建，它对高校思想政治教育进行了与时俱进的完善与创新，丰富了大学生对高校思想政治教育的理性认知。这无疑有助于当代大学生更好地学习和掌握相关理论知识，增强思想共识，使高校思想政治教育取得更好的效果。

(二) 实践意义

在高等教育中，思想政治教育处于十分重要的地位，这已成为共识。在外部层面，国家通过为高校思想政治教育配置各种资源，包括经费、政策、基地等，影响着高校发展的可能性；在内部层面，通过对教育的内容、方法、队伍建设等的研究引起的资源聚集效应，带动高校思想政治教育的教育教学、机构设置、科学研究等整体发展。现阶段，高校思想政治教育创新的实践意义包括以下内容。

第一，在以全面现代化为显著特征的新时代，为了使得思想政治教育工作的价值落在实处，重新对改进和创新高校学生思想政治教育模式提出一些思考。通过对大学生的走访调查发现，部分大学生觉得，思想政治教育课程不过是为了凑学分而不得不学习的"无用课"，传统的思想政治教育在时代的进程中逐渐显现出滞后性和不适应性，所以高校思想政治教育能否取得实效关键在于是否能够有所创新，是否能够适应现代化的发展潮流。

第二，本研究通过实证分析法，提出的相应对策建议能够为相关部门提供一定参考，一定程度上有助于思想政治教育的价值实现，提升其实效性。思想政治教育阶级性和人本性的双重属性决定了思想政治教育为谁服务，其中，阶级性决定了思想政治教育要为阶级和社会服务；人本性则彰显了"建设人自身"的要求。因此在我国，思想政治教育就是要为社会主义和人民群众服务。习近平总书记在全国宣传思想工作会议上指出，新时期宣传思想工作创新，"重点要抓好理念创新、手段创新、基层工作创新，努力以思想认识新飞跃打开工作新局面，积极探索有利于破解工作难题的新举措新办法，把创新的重心放在基层一线"。因此，思想政治教育的创新有利于更好实现思想政治教育在为社会主义事业服务方面的价值。

四、研究方法

（一）文献分析法

文献分析法是将文献的搜集、归类、分析与提炼贯穿于整个研究过程。通过查阅有关书籍，以及中国知网上相关的硕士论文、博士论文和期刊论文，本书对重要资料作了专项考察和论述，为本研究作了充分的理论准备。

（二）逻辑推理法

本书综合运用归纳、演绎和类比等逻辑推理法进行论证。在逻辑学中，归纳是由一系列有限的特殊事例得出一般结论的推理方法；类比是根据两个不同的对象在某方面的相似之处，推测出这两个对象在其他方面也可能有相似之处的推理方法；演绎是从一般到特殊的推理，是由大前提、小前提推出结论的三段式推理法。这些传统的研究方法为本研究提供了学理依据。

（三）实证分析法

实证分析法的目的在于认识客观事实，向人们提供实在、有用、精确的相关知识。它按照事物的本来面目来描述，意在揭示客观现象的内在构成要素，以及各要素之间的普遍联系，从而归纳、概括出现象的本质及其运行规律。它从某个可以证实的前提出发来分析问题，所得出的结论可以通过经验和事实进行验证。

五、研究思路

本书以国内当代大学生思想政治教育创新研究现状为背景，依托相关数据及信息，针对存在的问题进行深入分析，提出对应的改进思路和具体对策，为当代大学生思想政治教育的创新发展提供新思路。

第二章　高校思想政治教育的概述

第一节　高校思想政治教育的内涵与特征

思想政治教育的内涵是高校思想政治教育的首要问题。高校思想政治教育的各种途径、方式、活动是建立在对思想政治教育内涵的科学把握的基础之上的，思想政治教育的内涵是开展各种类型、各种方式思想政治教育活动的依据。

一、高校思想政治教育的内涵

高校思想政治教育是指高校按照一定的社会要求，对大学生实施有目的、有计划、有组织的思想品德、政治素质和心理素质教育，并将他们培养成为具有高度责任感的社会主义事业的接班人的一种实践方式。大学生思想政治教育是高校意识形态工作的主渠道和主阵地。大学生思想政治教育作为我国高等教育的一个重要组成部分，具有鲜明的中国特色，其内容是由系统构成的，而不是独立存在的，具有较为显著的体系特征。其中，既有思想教育内容，也有政治教育内容，还包括了心理教育以及道德教育等各种基础性的教育内容。

高校思想政治教育工作实际上属于一种实践活动。在高校思想政治教育工作的开展过程中，大学生既是一切活动开展的主体，同时也是客体，是双重身份的统一。"思想政治课"作为高校思想政治教育的主渠道，以实现把大学生培养成社会主义伟大事业的合格的建设者和接班人为目标。坚持马克思主义在各个教学工作开展过程中的主体地位，并且将思想政治教育不断地与社会发展相融合，使学生能够更多地了解社会主义发展方向和社会主义理念，从而树立起正确的思想观念和意识，最终促进学生形成健康的世界观与价值观，这是高校思想政治教育的重要思路，由此可知，高校思想政治教育工作不仅是一个道德教育问题，还是一个政治教育问题。

现阶段，大学生的思想政治情况整体来说还是较为正面的，但是也要意识到，随着我国经济的不断发展以及社会的不断进步，各种各样的不健康思想对大学生的思想产生一定程度的影响与冲击，使大学生的心理逐渐产生变化。部分大学生出现政治信仰缺乏、思想观念陈旧、价值观扭曲、缺乏社会责任感以及诚信意识缺乏等问题。为了促进社会主义建设，实现中华民族的伟大复兴，确保中国在激烈的国际竞争中处于不败之地，只有加强对大学生的思想政治教育，才能培养出高素质的人才，为社会做出应有的贡献。

二、高校思想政治教育的特征

正确认知当前我国大学生群体的思想政治觉悟情况，既是有针对性地开展高校思想政治教育工作的基础，也是开展高校思想政治教育工作的关键点。接下来，从以下几方面的特征进行深入分析和总结。

（一）时代性——跟紧时代的步伐，与时俱进

思想政治教育的时代性特征，就是需要做到与时俱进，正确认识到时代发展的特征，并且对当前的思想政治教育理论与观念进行创新。在不同的时代背景下，也会产生不同的思想政治教育目标，因此，在教育过程中所使用的方式方法也不同。在思想政治教育的时代性要求下，需要教育者不断关注时代的发展特征，并且根据当前经济的实际发展情况和社会现实情况，对思想政治教育理论进行创新，使理论与实践能够始终保持一致。在时代的发展情况下，也会出现不同的时代特征以及发展方向，因此，基于思想政治教育工作的时代性特征，需要严格把握时代发展的实际，对当前使用的思想政治相关理论知识内容进行创新，使其不断发展，使理论和实践能够在时代发展的背景下，更符合实际需要。

而大学生思想政治教育也要紧跟时代步伐、社会发展的节奏，不允许滞后和倒退，并具有鲜明的时代特征。而这一特征主要就表现在对我党所制定的相关方针以及政策等内容的了解，从而不断充实教育工作的理论依据以及相关的实践内容。所以，当前我国的思想政治教育理论内容需要将马克思主义以及毛泽东思想和新时代中国特色社会主义理论保持一致，将这些内容真正地融入整体的思想政治教育工作中，对大学生开展理想信念教育，以及爱国教育和价值观念教育等，使大学生能够不断提升自身的综合素养。而思想政治教育工作需要对时代的实际特征进行融合，充实自身的理论内容，才能谋求更好的发展，

对大学生起到更好的教育成果。时代性特征,在大学生思想政治教育工作的实际内容体现上,需要将理论与实践联系在一起,使大学生能够掌握更加先进又符合当今社会现实的理论知识,并且进一步开展相应的实践活动,运用理论知识去解决实践中存在着的难点问题,这样才能让思想政治教育工作更加具有说服力。

(二) 实效性——切实做到以学生为本

1. 要转变观念,树立以学生为主体的理念

高校思想政治教育需要树立以学生为中心的思想,从根本上充分地尊重学生的个性特征和主体地位,需要深入地贴近学生的实际以及学生各方面的基本情况,找准教育的引导基点和着力点,从大学生最基础的个性和实际需求出发,有针对性地做好大学生的思想政治教育工作。这就要求我们必须舍弃从前那种忽视学生的说教式、灌输性思想教育的方法,从而提升大学生各方面的技能。

2. 要把大学生内在的积极性和主动性调动起来

当代大学生自身的压力主要是来自自身学习以及外部的个人交际的压力。大学生思想教育者应当在发挥好学校教育引导作用的同时,积极配合学生的人生态度,带动学生实现自我学习、自我教育、自我提高,促进学生全身心的健康发展。当代大学生思想教育工作需要完成将作用于大学生的外部压力转换成当代大学生内部压力的教育转化,从而培养学生积极乐观的人生态度,能更好地实现大学生自己掌控自己的生活和教育,从而促进他们的全身心发展。

3. 高校思想政治教育要满怀关爱与责任

当代高校思想教育一定要满怀关爱和责任,把当代高校思想政治教育当成一种服务,一定要坚持把解决当代大学生的思想问题和当代大学生的生活实际问题结合起来。高校需要坚持性地解决学生的思想问题和生活实际问题,需要做到首先教育人、引导人;其次关心人、帮助人。此外,高校需要树立一切为了学生的意识,做到急学生之所急,盼学生之所盼,及时地为当代大学生排忧解难,将"春风化作雨,润物细无声"的高校思想教育工作做到实处。

4. 根据不同层次学生的实际，建立分层递进的思想政治教育目标

如果在教育工作开展过程之中，没有按照层次性对学生进行划分，那么就会导致教育整体出现混乱现象。所以，高校的思想政治教育工作需要按照层次与步骤，将学生按照不同的情况进行分级，从根本上开展道德教育再逐渐转化成为道德追求教育。在整体的大学教育工作开展过程中，专科一年级到三年级和本科一年级到四年级，不同的年级有不同的教育工作重点。对刚刚入学的新生来说，学校需要先让学生了解校内的一些基础性的规章制度，以及应该把握相应的学习心态，引导学生能够遵守学校的规章制度以及国家制定的相关法律条例，在日常生活中严格约束自己的行为，做到认真学习，积极生活，从而在不断提升自身学习成绩的同时学会与人相处，学会正确做人做事。针对大二年级的学生来说，教育工作的重点是加强对学生的教育工作，使学生能够认真地学习每一门课程，不论是公共课、专业课还是选修课，学生都需要认真学习，能正确处理自己学习与日常生活之间的关系以及学习和恋爱之间的关系等，从而更好地去掌握不同学科的相关知识内容。对大三、大四的学生来说，教育工作的开展重点主要就是为了对学生进行鼓励，使学生能够在学习的过程之中逐步地提升对就业教育的认识，从而引导学生树立起正确的价值观念以及就业观，更好地去了解当前的就业市场整体环境，并且要对学生进行引导，让学生树立起先就业、后择业、再创业的心态。在大学阶段就让学生能够学习到不同阶段的不同知识，使学生的世界观、人生观以及价值观更趋健康，使教育工作真正地发挥出自身的用途。

5. 努力把思想政治教育做到大学生的心里去

教育工作的开展需要与学生的日常生活联系在一起。要想更好地提升高校思想政治教育的吸引力与实际效果，不能单纯地靠嘴来说，而是需要对当前思想政治教育课程的教学方式进行改变。通过多元化的思想政治理论教育模式，能够更好地发挥出思想政治理论课程，教育工作的实际用途。教师需要将自身的日常行为与学生的思考能力融合在一起，从而真正掌握大学生的思维习惯以及思想特征，让大学生能够对教师产生信服感。与此同时，还要将一些积极向上的思想政治教育工作理念，贯穿在高校思想政治教育主题活动之中，通过各式各样的校园活动与社会活动的融合，使大学生能够在参与活动的同时获得自我价值的提升，从而将以人为本的整体教学观念，真正地落实在教学工作中提升教学质量，解决好当前高校思想政治教育工作中存在的问题，切实提升高校

思想政治教育工作对学生的影响力。

(三) 针对性——提倡现实和个性

新时期高校思想政治教育面临的一个重要课题，就是探索在复杂的社会环境中，如何引导大学生学会分辨、学会选择、健康成长，这就要求思想政治教育要有针对性。针对不同学生群体倡导分类教育，在教育载体、内容和层次上有所区分和侧重。开展差异化、多样化思想政治教育，其最终目的是帮助学生掌握正确的立场、观点、方法，意识到哪些内容是先进且能够促进社会的发展，保障人们根本利益的，而哪些内容则是迂腐、会对社会的发展产生不利影响，并且会破坏广大人民的利益的。通过对学生的教育工作，使学生能够透过社会现象了解本质，从而更好地促进学生对社会的理解并准确把握社会主义主流的价值观念，具有明辨是非的能力，这样就能防止学生在复杂的社会环境之中受到不良影响，从而产生错误思想。

对校内各种活动和社会实践活动来讲，大学生除了学习书本知识外，还应该积极参加校内各种活动和社会实践活动等第二课堂，包括组织大学生参观革命纪念馆等，增强对中国特色社会主义的道路自信、理论自信、制度自信、文化自信。通过理论与实践的不断结合，逐渐丰富自己的知识，为走上社会打牢基础。对高校而言，想要更好地促进大学生的身心健康成长，除了要开展课堂教育工作之外，还要加强对选修课以及校内各种讲座的开展，通过邀请一些专业的人员来到校内开展讲座，并且回答大学生在日常生活以及学习之中存在的问题，以促进大学生的知识面增长。在课堂以外，教师还可以多组织一些课外活动，以班级或者院系为单位，让学生按照自己的兴趣爱好参与到活动之中，从而在活动中让学生能够逐步形成良好的团队精神，并且还能让学生发掘自己的兴趣爱好，使生活变得更加积极向上，充分发挥自己的价值。针对家长以及社会来说，需要对学校所开展的各项教育活动予以支持，并且要意识到自身对学生教育工作应负起的责任与作用，不能抵触学校的教育工作，也不能对学生的教育工作放任不管，觉得跟自己没关系，更不能让学生去接触社会上存在着的一些错误的思想价值观念和违反社会道德的相关行为。学校与家长和社会之间要形成联动，相互配合，从而更好地开展思想政治教育活动，使广大青年学生走好他们成长中的每一步。

（四）科学性——根本方向和出路

1. 指导思想要科学

指导思想必须坚持党的政治路线、思想路线和组织路线，如果这个前提错了，那么思想政治教育的指导思想肯定也是错误的。高校思想政治教育的指导思想是坚持以马克思列宁主义、毛泽东思想、中国特色社会主义理论体系为指导，深入贯彻党的十八大以来的精神，全面落实党的教育方针，紧密结合"四个全面"战略布局的实际，以理想信念教育为核心，以爱国主义教育为重点，以思想道德建设为基础，以大学生全面发展为目标，解放思想、实事求是、与时俱进、求真务实，坚持以人为本，贴近实际、贴近生活、贴近学生。

2. 内容要科学

内容的科学性体现在理论贯彻要彻底。马克思说过，理论只要彻底，就能说服人，而理论一经群众掌握，就能变为不可遏制的巨大物质力量。高校思想政治理论课作为大学生思想政治理论教育的主导，是在青年学生中树立正确的世界观、人生观、价值观的重要途径。但在现实生活中，正确的认识过程往往是很曲折的，需要在同谬误作斗争的过程中得以实现。思想政治教育既要注重引导大学生追求正确的"三观"，也要注意引导他们辨清各种错误思潮，与其划清界限。马克思主义理论体系是高校思想政治理论教育的主要内容，是被实践证明了的科学理论。一方面，必须始终坚持马克思主义理论的教育，随着当代马克思主义中国化成果的不断丰富和创新，高校思想政治理论教育的内容也必须随着实践的发展而不断完善，坚定大学生树立正确"三观"的信心；另一方面，面对国际、国内的各种消极因素和错误思潮，必须用马克思主义的立场、观点和方法，通过科学的研究和分析，做出正确的回答和有说服力的辩驳。对一些受到不良影响的大学生，则可以通过摆事实、讲道理，引导他们追求真理，并使之成为青年学生内在的心理需求和自发的行动。

3. 方法要科学

在时代发展的前提下，要正确意识到思想政治教育的规律性，使其更加具有教育成效。在高校的思想政治教育工作开展时需要特定的环境，并且针对特定的学生制定不同的院校人才培养目标，要充分考虑专业设置上的差异性，以及在同一个专业之中不同年级的学生也会呈现出的不同特征。而同一年级的学生自身的思想道德素养也会不同，所以在开展思想政治教育工作的时候，要选择多样化的方式，考虑到各种各样存在着的差异化情况，但是在一般情况下，不论教育的对象如何变化，教育的方式如何变化，思想政治教育的目标大多都是通过群体或个体教育以及直接或间接教育去开展的。所以，不论采取什么样的教育模式，都需要高校站在学生的实际需求出发，从而有针对性地开展教育并使教育效果更加显著，只有这样才能有效提升高校思想政治教育工作的效率。

第二节 高校思想政治教育的地位与功能

大学生是中国特色社会主义事业的建设者和接班人，正因为如此，加强和改进大学生思想政治教育在科教兴国战略和人才强国战略的实施中就显得尤为重要。尤其是当今世界正处在大发展、大变革、大调整时期，以信息科学、信息技术为主要标志的世界范围内的科技革命正在形成新的高潮，科技进步日新月异，国际经济、科技竞争围绕人才和知识的竞争展开。当今和未来世界的竞争，从根本上说还是人才的竞争，我国要想跟上世界科技进步的步伐，就要加快科技创新和知识创新，让一大批优秀人才脱颖而出。

一、高校思想政治教育的地位

（一）实施科教兴国、人才强国战略的需要

大学生是祖国的未来，民族的希望，是十分宝贵的人才资源。我国未来的发展需要各方面的资源，但归根结底最重要的还是人才资源。2004年，中共中央、国务院发布《关于进一步加强和改进大学生思想政治教育的意见》（以下简称《意见》），《意见》明确指出："加强和改进大学生思想政治教育，提高他们的思想政治素质，把他们培养成中国特色社会主义事业的建设者和接班人，对于全面实施科教兴国和人才强国战略，确保我国在激烈的国际竞争中始终立于不败之地，确保实现全面建设小康社会、加快推进社会主义现代化的宏伟目标，确保中国特色社会主义事业兴旺发达、后继有人，具有重大而深远的战略意义。"

科教兴国战略和人才强国战略对加快社会主义现代化建设，推动中国特色

社会主义事业的发展具有极其重要的意义。无论是科教兴国战略还是人才强国战略，都强调人才的作用，都要求尊重知识、尊重人才。人才不仅影响经济发展的大局，也影响政治发展的大局。人才是科技进步、国家繁荣、经济发展的第一资源。培养同现代化要求相适应的高素质劳动者和专业人才，发挥我国巨大的人力资源优势，关系着社会主义事业的全局。

全面实施科教兴国战略和人才强国战略都强调教育的基础地位，都要求将教育放在首位。科技的进步靠人才，而人才的培养则靠教育。无论是培养高素质人才还是提高整个民族和国家的创新能力，教育都发挥着不可替代的作用。不仅如此，教育也是发展中国家追赶发达国家，实现经济社会跨越式发展的基础性事业。百年大计，教育为本，教育是社会主义物质文明和精神文明建设极为重要的基础工程，对提高全体人民的思想道德素质和科学文化素质，对培养一代又一代社会主义事业接班人，具有重大的战略意义。

实施科教兴国战略和人才强国战略，无论是重视人才还是强调教育，都应使思想政治教育成为题中之义。科技的发展需要高素质人才，而成为高素质人才，最根本的就是要有良好的思想政治素质。高等教育作为一项系统工程，既包括科学文化知识教育，也包括思想政治教育。从这个意义上说，加强和改进大学生思想政治教育是实施科教兴国战略和人才强国战略的重要内容。

（二）社会主义制度的内在要求

中国的革命、建设和改革事业都要求我们时刻重视社会主义意识形态教育。事实上，中国共产党也正是按照这一要求来实践的。在马克思主义中国化的历史进程中，中国共产党一直注意加强思想政治教育，从未放松。毛泽东同志在《论联合政府》一文中深刻指出："掌握思想教育，是团结全党进行伟大政治斗争的中心环节。如果这个任务不解决，党的一切政治任务是不能完成的。"习近平总书记在结合当前社会发展实际的基础上，提出要认真践行社会主义核心价值观，加强和改进大学生思想政治教育，为社会主义发展提供动力。

（三）大学生健康成长的内在需要

思想政治教育工作存在的理由从根本上讲是人和社会发展的需要。它是个人健康成长和社会顺利发展必不可少的工具。大学生自尊心、好胜心强，想要摆脱权威、追求独立，这些都是大学生追求上进、敢于创新的基础。但是，大学生长期在相对封闭的校园中成长，对社会了解较少，缺少生活历练，对人生应该具备的相关知识了解不多、体悟不深,需要更为系统、深入的世界观、人生观教育,需要将人之所以为人的本质要求转化为自己内在的要求。因此,加强高校思想政治教育是促使大学生成才不可缺少的一环。未来社会需要更多全面发展的高素质人才,而公平竞争的意识、团队合作的精神、民主法治的精神、百折不挠的意志等已成为21世纪大学生走向成功的必备素质。高校一定要改变过分重视专业学习而忽视理想教育、政治教育、道德教育、心理教育的现象,为培养合格的社会主义建设者和接班人奠定坚实的基础。

二、高校思想政治教育的功能

(一)引领中国精神

中国精神是一种国家精神,反映的是我国发展过程中的现实境遇与思想观念,根植于我国改革发展全过程以及中国人民内心深处,具有鲜明的时代特征。中国精神是在中华民族五千年的历史文化中不断发展而来,建立在博大精深的精神文化基础上,具有历史性、现实性的特征。2013年,习近平总书记明确了中国精神的内涵:"实现中国梦必须弘扬中国精神。这就是以爱国主义为核心的民族精神,以改革创新为核心的时代精神。这种精神是凝心聚力的兴国之魂、强国之魂。"高校是培育高素质人才的平台,也是践行中国精神的重要载体,在高校的思想政治教育理论和实践中,处处体现着中国精神,并涵盖创新创业活动、志愿者服务活动等。通过科学的思想政治教育,可以让学生感受中国的发展和变化,并逐步培养其创业精神、创新能力,让学生可以领悟以改革创新为核心的时代精神,体会中华民族那艰苦奋斗、自强不息、勤劳勇敢的民族精神。总体来看,高校思想政治教育应当以中国精神作为主题,引导学生学习历史典籍,领会中国精神文化,树立文化自信,增强文化主体意识。通过这种精神引领,引导学生将自身的成才发展与人民幸福、中华民族伟大复兴相结合,具备担当大任的责任意识。

(二)拓展主体素质

党的十八届三中全会中明确提出:要把立德树人作为教育的根本任务,培养德、智、体、美、劳全面发展的社会主义建设者和接班人。这充分肯定了高校思想政治教育工作的地位,也为高校思想政治教育指明了前进道路。因此,高校要将思想政治教育置于突出地位,将思想政治教育落实到各个环节,促进学生的全面发展。高校思想政治教育具有扎实的群众基础，通过理论教育、实践活动，能够更好地把握思想政治教育的优势，有助于帮助高校顺利完成立德树人任务，培育高素质人才，而人才的素质不仅包括知识，还涵盖品质和技能，通过思想政治理论课堂来提高学生的道德素质和思想境界，通过实践活动，可以提高学生自身能力，锤炼意志品格。

（三）核心价值导向

导向功能也是思想政治教育的一项重要功能，能够充分彰显思想政治教育的意识形态性和目的性，这是其他教育活动都无法替代的。在思想政治教育工作中，要将理想信念教育放在重要地位，践行社会主义核心价值观。思政课是开展思想政治教育的主阵地、主渠道，在培育时代新人、铸魂育人中，起着不可替代的作用。同时，利用第二课堂，将理论与实践结合，能够在帮助学生实现自我价值的同时，提高其荣誉感和责任感，为他们传递社会要求的价值观念，通过针对性的活动帮助学生提升心理素质、道德品质，养成文明的行为方式，从而营造出稳定和谐的校园环境。

（四）塑造校园文化

有效的思想政治教育是理论和实践的合二为一，而在实践中，思想政治教育对于校园文化也具有重要的塑造功能。校园文化是师生在校园环境中共同营造的文化氛围，打造独特的校园文化，能够促进师生的身心健康发展，展现出一所高校的灵魂，也决定高校的内在品质和精神风貌。各类思想政治实践活动在校园文化的建设上具有不可替代的作用。开展具有影响力、号召力的校园文化活动，能够丰富校园文化环境，达到无声胜有声的效果，让学生具备开拓进取的精神，为学生的全面发展提供良好的支持。

第三节 高校思想政治教育的发展历程

一、中华人民共和国成立初期

（一）教育目标

建设和发展社会主义国家的原动力是高素质的人才。中华人民共和国成立后，社会主义制度在中国建立，自此，中国开始走上建设社会主义的道路。早在新文化运动时期，各种各样促使中华民族进步的思想为当时的青年学生在思想上打开了一扇门，大学生在这些运动中锻炼了自己的意志，实现了自己的人生价值，但是由于中华人民共和国成立初期的大学生群体是在封建社会的熏陶和影响下长大的，他们的思想和内心深处或多或少留存着一些旧的封建思想。在抗日战争期间，大学生怀揣爱国热忱和一颗赤子之心，团结广大人民群众，积极投身于民主革命事业，为民族解放事业做出贡献。因此，大学生思想政治教育在中华人民共和国成立初期的首要目标是彻底地清除封建主义思想，以及资本主义思想在大学生潜在意识里的残留，培养一批具有高度爱国主义思想的社会主义新青年。

中华人民共和国建立初期，社会主义建设在我国一切都是从零开始，国内政治局面刚刚稳定，百废待兴，社会主义建设急需高素质人才。在校期间，莘莘学子不仅要学习专业的知识，还要培养自己社会主义建设者和接班人的思想意识，因此，适时地产生了大学生思想政治教育。国家培养新一代大学生不仅是为了让他们具有过硬的专业知识，更是为了培养他们能够成为投身社会主义建设，担负起建设社会主义的重任，时刻准备为社会主义建设贡献力量的优秀人才。为了抵御虎视眈眈的资本主义势力，新中国需要尽快强大起来，只有不断强大，全国人民才能不再受封建社会思想政治的束缚，才能健健康康成长、快快乐乐生活，才能自由地、平等地追寻自己的理想和幸福。不断提高全国人民的知识文化水平、科学文化素养是新中国建设发展的基础。高校大学生作为我们国家未来建设的中流砥柱，在对他们进行专业知识教育的同时，尤其要注重对他们进行爱国主义思想的培育。大学生是整个民族和国家的希望，作为青年群体的主力军，他们的智慧是无限的，他们在大学系统地接受专业知识和思想政治教育，传播先进思想和文化，进而影响全国的青年人，激发全国青年的爱国激情和学习热情。

大学生群体是高校思想政治教育的主体，他们是社会未来具有凝聚力的精英人群和青年代表群体。在新中国社会主义建设的过程中，大学生起到先锋模范带头的作用，带领广大青年为建设新的社会而努力奋斗。通过高校思想政治教育，大学生群体能够将社会主义建设的责任意识扩展到整个青年群体中，这有助于整个社会青年群体思想意识的提高，以点带面地接力传递社会主义建设的思想力量。如何培养青年群体的社会主义思想，使之能够与国家发展相一致，是社会主义建设的主要任务，大学生思想政治教育在社会主义思想建设中占有重要地位，通过培养大学生思想政治意识，带动广大青年群体思想觉悟不断提高，让他们感受到作为新中国建设的一分子的喜悦，为社会主义建设事业的不断发展感到骄傲和自豪。

（二）教育内容及其特征

在中华人民共和国成立初期，以学习马克思列宁主义思想为主，高校思想政治教育的主要内容是爱国主义教育，以及对时事政治的客观分析和讨论。

指导中国革命走向胜利的重要的理论基础是马克思主义，中国取得了革命的胜利，建立了新中国，使社会主义的理论在中国得到进一步发展和阐释。一系列事实证明社会主义制度更适合中国的发展，马克思主义是社会主义的指导思想，是指导我国社会主义建设的灵魂思想。大学生作为社会主义建设不可或缺的部分，必须更好地了解马克思主义发展的历史过程及马克思主义的思想观点。而这个目标可以通过对大学生开展思想政治教育，全面解读马克思主义的经典著作，广泛探讨马克思主义的基本思想，深入学习共产主义的基本特征等来实现。通过思想政治教育，帮助大学生在日常学习和生活中积极主动地去了解和认识共产主义，增强共产主义的理想信念，培养社会主义主人翁意识，以共产主义理想信念指导自己的实践行为，以社会主义建设者的心态和社会主义建设者的自觉性，将自己的学习生活与社会主义建设结合在一起。

用无产阶级的思想来思考和解决遇到的问题，是高校大学生将马克思主义运用到社会实践活动中的体现。我们都知道，世界上第一个建立社会主义的国家是苏联，我们学习的对象也是苏联。所以，列宁主义思想也是大学生在高校的学习课程。我国的社会主义建设和发展的很多实践经验都是通过学习列宁主义思想得到的。马克思主义与俄国具体国情相结合的理论产物就是列宁主义思想，所以，大学生有必要认真思考列宁主义思想和苏联在社会主义建设的实践过程中出现的一些问题，通过积极地学习和认真剖析列宁主义思想，将学习到的经验运用到中国社会主义建设的过程中，使其更加适合中国国情和中国的社会历史背景，更快更好地发展中国的社会主义建设。

中华人民共和国成立初始，爱国主义的凝聚力将全国人民团结在了一起。爱国主义既是民族精神的灵魂，又是民族精神的纽带，饱受封建社会奴役压迫的广大人民群众在新中国的这片蓝天下看到了新的希望，人民翻身做了主人，再也不用经受战火的摧残，过上了民族独立、人民当家做主、自由平等的生活。人民更加热爱祖国，响应祖国的号召，积极地投身于新中国建设，为社会主义建设贡献力量。高校大学生也怀着对祖国的满腔热爱之情，以饱满的爱国热情积极投身于科教文化事业，努力学习科学文化知识，为社会主义建设做出最大的贡献。形式多样的爱国主义主题教育活动和文化交流活动在大学生中广泛开展，高校纷纷在专业课、文化课和思想政治教育课程中讲授爱国主义相关内容，将分析社会历史大事、探讨社会时政热点与爱国主义教育密切结合，使包括大学生在内的广大社会青年真正了解和认识党的正确路线，在党的领导下积极为新中国建设和社会主义事业做出自己的贡献。

高校积极树立一些先进模范来教育和引导青年，注重榜样的强大力量，以有益于新一代的青年健康成长。向榜样学习，能够激发大学生的爱国热情，使大学生更加勤奋努力学习，学到真正的专业知识，并把学到的专业知识运用到社会主义建设中，认真反思并及时改正自己的不足之处，只有这样，国家的栋梁之材才能从大学生中产生出来。

二、改革开放初期

（一）教育目标

改革开放初期，国家需要引导大学生。社会的建设模式不断更新，新的科学技术不断出现，认真掌握科学文化知识是青年大学生群体的首要任务，这就要求国家准确把握教育文化的前进方向，及时提出适合我国社会发展的新的人才目标，只有这样，我国的社会主义现代化建设才能获得可靠的人才支撑，我国的社会主义建设事业才能不断前进。随着社会的发展，高校思想政治教育逐渐系统化，教材由国家教育部门专门编订，并有统一的教学规划。通过思想政治教育培养无产阶级知识分子，尤其是高校思想政治教育。让广大学生充分学习和理解马克思主义思想理论，坚持用马克思主义立场、观点、方法来认识世界和解决问题，帮助大学生树立正确的世界观、人生观和价值观。

大学生自身发展要时刻与社会发展保持一致，高校思想政治教育能够随着时代的变化作出调整，对学生进行科学的指导，不断提高大学生的综合素质。大学生在日常生活及专业学习中出现的思想困惑可以通过思想政治教育学习找到正确的解决方法，使他们在学习、生活和工作中能够保持好的状态。大学生可以通过高校思想政治教育的帮助，获得一些经验和教训，客观正确地分析自己可能出现的不正确的行为，努力提高自身能力。高校思想政治教育与大学生实际生活和学习紧密联系，使大学生的思想发展动态能够被真正了解，及时地制止一些消极悲观的不良情绪在大学生群体中蔓延，并给予其相应的帮助。

（二）教育内容及其特征

国家重视高校思想政治教育，并将其列入学科建设中，从学科建设的角度来分析，这一时期我国尚未形成高校思想政治教育学科的理论体系，仍然处于移植其他学科原理与总结工作经验的层次上。高校思想政治教育主要存在以下两种情况：一种情况是教学课程直接与思想教育有关；另一种情况是在其他的课程中融入思想政治教育的相关知识。全国各大高等院校从1982年开始，根据大学生群体新时期的主要特点，开设思想品德教育课程，系统地、有针对性地、具体地对大学生进行培养教导，在每个大学生的思想里植入共产主义思想，使共产主义理想坚定树立在每一个大学生内心深处。除了开设思想品德教育课程，紧接着，高校又具体规定了高校思想教育课程及高校教师职工的教学任务、教育方式、教学内容，以综合反馈大学生的教育教学的信息。

改革开放后，随着我国与其他国家学习交流、文化沟通的增加，尤其是经济合作的深化，国外的资产阶级思潮大量涌入，对我国青年群体产生了巨大冲击。如何让青年大学生群体不受负面思想观念的影响，坚定不移地信仰共产主义理想，便成为这一时期高校大学生思想政治教育肩负的使命。坚持四项基本原则，坚持改革开放是高校大学生思想政治教育的主旨，同时要牢牢捍卫自己的文化思想领域底线，通过改革开放不断促进中西方文化互相交流、互相发展。大学生思想政治教育应注重共产主义思想道德学习，避免大学生受西方资本主义思想的影响。

思想政治教育使大学生群体的法律意识不断增强，从而帮助大学生在改革开放的大潮下抵制住资本主义思想的侵袭。因此，高校在对大学生思想政治教育的教学内容中增加了关于法制的教育教学课程，让青年学生学习和了解更多的法律知识，提高整个社会和人民群众的法律意识。改革开放后，随着经济的飞速发展，我国广大人民群众的思想和行为开始变得多元化。如何在社会主义社会中规范和约束人们的行为？这需要规范学习方法，加强人民群众法律知识的学习能力，营造一个法制氛围，使人人守法、人人知法。通过学习高校思想教育课程中新增设的关于法律方面的知识，大学生群体的法律意识得到提高，这使大学生在依法守法的同时，能够利用法律武器来维护自身的合法利益。高校开展法制教育学习能够有效地减少大学生群体犯错的可能性，为大学生群体更加健康地成长提供好的环境，减少各种错误思想的滋生。

改革开放初期，高校思想政治教育增加了国际关系方面的内容。社会主义国家的建设不是封闭式的，要结合大学生群体的爱国主义与国际主义教育，培育具有国际化视野的青年大学生群体,使他们能够在国际环境中坚定地追求社会主义建设。改革开放后,大学生不能失去方向,要选择性地学习和汲取资本主义社会中有利于我国社会主义社会发展的部分,不能被不良的思想观点所吞没。

大学生思想政治教育要结合我国国情,包含社会主义建设的进度和相关形势与政策,还应增加对中华民族传统美德和近代史的学习。对于中国近代史,广大青年学子必须要铭记于心,在这段历史中,无数的爱国人士找到了一条救国救民的道路。社会主义国家建设的艰辛过程是青年学生群体所必须了解的,要讲解这个过程中经历了哪些难题、哪些困难,以激励青年学生为我国的建设而勤奋钻研、发奋图强。中华民族传统美德是每个中国人心中的骄傲,烙印在每一个青年学子骨子里。高校思想政治教育要求大学生进行传统美德的学习,一代代地传承这份历久弥新的中国文化。在此期间,各大高等院校严格规定了高校思想政治教育固定的课时,使大学生在努力学习专业知识的同时,认真学习思想政治教育课程。

用一种贴近大学生思维习惯的方式进行思想政治教育,同时将具体的社会实践活动加入大学生思想政治教育中,这不仅使高校思想政治教育的形式得到了丰富,还让思想政治教育课程的内容更加容易被大学生理解。这种教育教学模式更适用于大学生群体的思想政治教育,可以培育大学生自主去理解思想政治教育的自觉性,让高校思想政治教育渐渐化被动教学方式为更加灵活主动的教学方式,提高大学生对思想政治教育学习的积极性和主动性。

三、20世纪90年代以后

(一)教育目标

20世纪90年代以后,国内和国际环境都发生了很大的变化,我国的政治、文化、经济等方面都获得了巨大的成就,人们的生活方式随着信息化时代的到来逐渐改变,一些新的特点出现在国内各大高校的大学生群体中。大学生应该做一个什么样的人,成为高校思想政治教育更加注重的一个方面,培育大学生成为社会主义事业合格的建设者和可靠的接班人是高校思想政治教育的重要目标。

国家的繁荣富强与大学生品德教育密切相关,大学生不能仅注重知识技能的学习,还需要加强对品德教育的理解和学习。思想政治教育关系着大学生的基本行为准则。全面发展德智体美劳,要求大学生学会自己协调学习和生活中的各种要素。思想政治教育帮助大学生认识人生、了解世界,大学生只有学习辩证唯物主义的世界观和方法论,才能建立正确的价值判断思维,实现自身价值,变得更加优秀,做到德才兼备,用所学到的专业知识报效祖国,为我国的社会主义发展和建设做出贡献。大学生要全面发展德智体美劳,要不断夯实自己的社会实践能力,积极努力找到适合自己学习科学文化知识的方式。

（二）教育内容及其特征

随着我国改革开放的进一步深化和社会主义事业的不断发展,大学生思想政治教育的内容也不断完善,主要包括道德教育、思想教育、法纪教育、心理教育和政治教育五个方面。高等院校根据这五个方面开展大学生思想政治教育教学,在以教学为主的同时,逐步提高大学生政治自觉性,引导大学生关注国内政治热点,帮助大学生形成有益于自身发展、国家发展的人生观、价值观和世界观,提升大学生的道德情操,规范大学生的日常行为。通过普及法律知识逐渐提高大学生的法律意识,使大学生在未来社会群体中的生活质量得到提高。通过开展心理健康教育,锻炼大学生的意志,提高大学生的抗压能力,及时有效地消除排解负面情绪,提升大学生群体的心理素质水平。通过政治方面的教育使大学生了解人民群众有哪些基本要求,了解党在社会主义初级阶段基本路线的主要内容,从而使大学生群体更加坚定社会主义理想和信仰,自觉拥护中国共产党的领导,积极投身中国特色社会主义建设事业。高校思想政治教育统筹协调好以上五个方面的内容,以培养更多的大学生成长为国家栋梁之材,使更多的大学生成为高水平、高素质的构建社会主义和谐社会的建设者和接班人。

第四节 高校思想政治教育的内容和方法

一、高校思想政治教育的内容

（一）思想教育

对大学生的思想教育工作开展应该由以下内容构成:第一,大学生的世界观、人生观和价值观的教育工作。第二，教育大学生具有良好的团队合作精神。第三，让大学生树立起良好的学风校风教育。第四，对大学生开展的社会主义核心价值观念的教育。第五，生态文明教育等。世界观的含义是人们对世界所存在事物的基础看法，而当前我国大学生的世界观教育工作是希望能够让大学生在无产阶级世界观的环境下接受教育，主要内容是让大学生通过接受教育能够真正懂得辩证唯物主义的相关概念，让大学生在日常生活中做到从实际出发并且尊重客观事实，具有实事求是的精神，从而更好地去理解实践才是提升认识的唯一渠道，也是对真理进行检验的唯一标准。根据大学生所面临的全新问题不断探究真理，使大学生能够运用唯物辩证法的基础含义，去全面而又客观地看待生活中的各种事物，并且能够针对不同的问题开展不同的分析，善于解决与分析矛盾。打破大学生较为片面地看问题的思维模式，让学生能够树立起正确的历史唯物主义观点，认识到社会发展的相关规律，并且能够真正地明白资本主义社会是必然会被社会主义所取代的，社会主义的发展一定会朝着共产主义社会的方向进步；人民群众才是历史的创造者，需要在自身的日常生活中树立起为人民服务的终极思想。

人生观属于世界观的一个构成部分，会受到世界观的影响，人生观主要是在人生目标以及态度和价值几个方面所表现出来的，当代大学生的人生观教育是为了让大学生更好地掌握共产主义人生观。价值观是指一个人对客观事物和自身行为的作用以及过程的最终评价，也是人们明辨是非从而对自身行为产生影响的一个准则，它能够对人们的行为产生影响，使人们的行为拥有稳定的倾向性。人生的价值和意义在于对社会所尽的责任和所做的贡献，人生的最大价值和意义在于努力为人民服务，无私地把自己的一切精力贡献给共产主义事业。当前大学生应重点学习和践行"富强、民主、文明、和谐，自由、平等、公正、法治，爱国、敬业、诚信、友善"的社会主义核心价值观，树立尊重自然、顺应自然、保护自然的生态文明理念。

（二）政治教育

政治教育内容是由马克思主义基本原理与中国特色社会主义理论体系所构成的爱国主义教育，以及形势政策教育等，是需要大学生着重学习的知识内容。它紧密结合时代发展，使大学生能够更好地掌握马克思主义的基础观点以及方式，并且学习马克思主义在我国的实际理论成果，也就是毛泽东思想和中国特色社会主义理论体系。加强爱国主义教育，对自己国家与民族的认同，这是每个大学生应具备的最基本的公民意识和品质，包括了解中国基本国情，树立和弘扬以爱国主义为核心的团结统一、爱好和平、勤劳勇敢、自强不息的伟大民族精神。培养共产主义事业新一代的接班人，应加强党的基本知识、共青团基本知识的教育，切实地对大学生进行形势与政策的教育，使他们了解社会主义建设的伟大成就和困难，以便认清形势，明确奋斗目标，增强前进的信心，更好地团结在党中央的周围。

（三）道德教育

道德教育是十分重要的，教育内容不仅会涉及自身与他人之间的关系，还会影响到个人和社会以及与国家和自然环境之间的关系。通过对大学生道德素质的培养，能够使大学生思想政治教育工作开展更加有效，也是构建社会主义精神文明建设的基础，会直接影响到国家未来的发展。自我国改革开放以后，社会生活的各个领域都产生了巨大的变化，不同的利益关系和价值观念，以及文化思想开始大量涌入我国，而这些内容对大学生自身的道德品质都会产生巨大影响，拜金主义、利己主义、享乐主义等一些错误的价值观念，都会对学生产生负面影响。面对新时代挑战，教育工作者既要保持正确的思想观念开展教育工作，又要及时对教学内容进行创新，确保能够取得实际的教学成效。针对大学生的道德教育工作开展，由以下内容构成。

一方面，加强原则和道德规范教育。要求大学生树立以人民为根本，以服务人民为核心的价值观，将集体主义作为根本原则，以诚实守信为道德建设模范，引导大学生能够自主遵守道德规范，提升自身的道德素养，真正地能够在社会生活之中运用社会主义的道德规范来约束好自己的日常行为。

另一方面，进行劳动与职业规范教育。大学生毕业之后就会步入社会，而大学生在社会之中的工作能力既需要大学生掌握良好的技能与知识，还需要其具有良好的工作责任心。而当前我国有一些大学生在面临工作的时候经常会缺乏责任感，出现眼高手低的现象，不愿意为工作付出，并且认为收入与付出不成正比。所以，在教育工作中需要加强对大学生的劳动就业指导，使大学生能够树立起正确的劳动观念与工作责任感。社会主义市场经济需要人们在社会之中具有科学、民主、团结、自立的相关思想道德精神，它需要每一个人在社会之中都要在保持自己利益的情况之下考虑到集体的利益，因此，对大学生的培养工作要使大学生意识到权利与义务是相统一的，使大学生能够正确处理合作与竞争、自主与监督等各种关系，防止大学生出现利己主义、唯利是图。

除此之外，还要加强社会道德感以及职业道德感和家庭美育等各方面的教育工作，践行爱国守法、文明诚信、团结友爱、敬业奉献等一些基础的道德要求,使大学生能够在日常的行为中遵循基础的行为准则,并且追求更为高层次的思想道德标准。

(四) 法纪教育

法纪教育是指通过教育手段传授法律知识和法治观念,从而引导公民自觉遵守法律,增强法律意识和法治观念。当代的大学生是我国今后社会与国家发展的希望,因此,大学生自身的法制观念以及法律意识会直接影响到国家与社会的稳定与发展。想要更好地对大学生的法律意识以及公民意识进行培养,使其能够知法、守法,就需要通过以下几种教育工作来开展法纪教育,包括法治思维教育、法律基础知识教育以及相关纪律规章制度教育。

(五) 心理教育

大学属于一个竞争较为激烈的环境,而针对大学这一年龄段的学生来说,其自身的心理发展还处在一个成长的过渡阶段,因此,在这一阶段的大学生自身的心理发展还有待提升,遇到问题情绪经常会出现波动较大的情况。在面临一些压力或者冲突的时候,如何能够正确地化解心理压力,是大学生健康成长的关键问题,这也关系到能否培养出高素质的社会主义事业的建设者和接班人。心理健康教育工作由以下几个方面构成,首先要深化对大学生心理健康知识了解,还要帮助大学生预防心理疾病的出现,开展心理卫生健康教育工作以及心理疾病预防工作等。其次要使大学生具有良好的调节适应能力,对大学生开展专项的培养工作,如挫折教育、创新精神以及竞争意识的培养,从而使大学生在心理健康教育之中能够更好地具有创新与开拓精神,并且具有良好的竞争观念。

二、高校思想政治教育的方法

(一) 理论与社会实际相结合

高校思想政治教育是面向广大大学生开展的,通过了解其生活、学习实践活动,将理论与实际相结合起来,借此提高思想政治教育对大学生的影响力和成效。理论联系实际是大学生思想政治教育的重要因素,应结合新时期大学生的思想动态和学习生活方式,采取有效措施进行高校大学生思想政治教育,使大学生更容易接受。

高校思想政治教育不能继续以僵化和教条的教育方式进行，应通过了解大学生的兴趣，选择能够启发他们的方式，在大学生生活和学习中一点点渗透，潜移默化地影响他们的思想。教育者需要时刻关注大学生的生活方式，配合合适的方式、选择合理的载体去教授思想政治教育理论知识，帮助大学生解决人生和思想发展上的问题和困扰，引导大学生建立积极健康的思想道德品质和政治素养。

高校思想政治教育需要深入关注大学生的实际生活，帮助大学生解决实际生活和学习中的问题和困惑，采取更加有效的方式与大学生进行沟通，有针对性地开展丰富的社会实践活动，和形式多样的文化交流讲座，进而起到指导作用，最终帮助大学生全面健康发展。大学生也会产生具有个人特色的问题，这些问题就需要高校思想政治教育针对个体差异、联系实际情况来分类解决，并对大学生的需求进行客观合理的分析，以达到最好的效果。

高校思想政治教育要求在实践中不断提升大学生的思想政治素质，理论教育联系实际生活和学习，充分调动他们的积极性和能动性，使大学生对思想政治教育理论的内涵和精神有更深刻的理解和把握，这样他们才能积极自主地调整自己的生活行为习惯和思考方式，正确选择未来人生方向，同时树立正确的人生观和价值观。

（二）学校教育与家庭教育互相配合

大学生对社会、对人生的看法多少都会受到家庭成员的影响。家庭生活是一个人对社会最开始的认识，家庭生活环境的样子，往往很容易使这个人认为社会就是这个样子，因此，家庭教育对一个人的行为习惯有着深刻的影响。

学生在学校接受教育，逐渐成长为一个能够利用自己所学并对社会有用的人。大学生在学习的同时逐渐接触并了解到整个社会的发展状况，但很多时候，家庭生活中的一些观念经常与学校的教育发生矛盾，由此引发了他们的一些思考，结合在学校所学，逐步形成了自己的人生观、价值观。在学校多年的学习生活不仅让大学生学习到了专业知识，还帮助他们形成对社会的认识，使其在进入社会之后能够客观地认识自己和他人，发挥所学，为自己的生活提供一定的物质保障。

高校思想政治教育引导大学生树立正确的政治观念和思想方法，提升他们思想政治觉悟，规范他们的言行举止，帮助他们客观理性地分析生活中遇到的各种各样的问题。同时大学生需要了解社会热点问题，关心国内外形势，关注国家大事，理解国家政策方针，增加社会参与感和归属感，增加国家公民责任与义务的意识,热爱祖国,树立正确的价值观,培养高尚的品格。

大学生要想形成一个完整且正确的价值观,需要家庭教育和学校教育的通力合作,这样一方面可以帮助大学生直面生活和学习中遇到的需要独自解决的问题,引导他们运用自己的智慧解决问题,并能够积极、勇敢地看待社会上的一些不良现象,以及应对一些让人沮丧的挫折等。另一方面可以使大学生的行为得到规范,使他们面对现实时能够勇敢地去克服困难、跨越障碍。

(三)继承与发展相结合

从教学体系层面看,高校思想政治教育是高校教育系统中的一个完整的教学体系,高等学校对大学生人才的培养按照国家统一编写的、正规的课程教材开展,有具体、明确的教育教学管理方案和选拔优秀教师资源的体系。大学生通过马克思主义理论方面课程的学习,能够深刻地掌握和真正地理解马克思主义的思想方法。只有系统、高效地学习理论知识,才能清楚明了地认识和了解社会主义,学习与中国国情相结合的社会主义的理论体系的精华部分,只有通过系统的学习才能提高思想政治水平,解决思想上的困惑。

我国在中华人民共和国成立后开始进行思想政治教育,高校思想政治教育源于社会实践的理论思想,在此基础上,教育者不断地进行归纳和总结,并根据社会发展中出现的新元素对原来的思想政治教育进行补充与完善。在理论课程中,符合中国国情和顺应社会历史发展的思想政治教育有很多内容和方法是经过长期的经验积累得来的。

高校思想政治教育借鉴过去的一些思想政治教育的有效方法和手段,将社会发展和学生思想动态发展联系起来,在这些经验积累的基础之上更进一步发展,完善大学生思想政治教育体系,保证思想政治教育的先进性和导向性。

随着改革开放的不断深入,马克思主义在我国受到思想多元化、文化多元化的挑战,社会呈现出一种朝着多元化发展的态势,对此我们要确保主流思想的指导地位。思想发展的根本是要坚持马克思主义思想,但是高校在着重培养大学生的政治素养的同时,应鼓励大学生群体在坚持马克思主义和思想多元化的过程中发展自主创新能力。

高校思想政治教育体系要想具有强大的生命力,需要在不同时期的国情和社会背景下不断改进,使其不断完善,这需要一个开放的、不断向前发展的教育体系。只有这样,思想政治教育才能随着时间的推移而不断发展、前进,才能更加有效地对大学生思想起到影响作用,使其不断地开拓创新。高校思想政治教育科学的教育体系是不断地从社会发展中总结宝贵的经验教训,归纳总结出的思想政治教育的规律和特征具有一定的科学性。高校思想政治教育根据具体的实践情况，对思想政治教育的方式、方法进行不断调整，直到适合大学生教育为止。"高校的教育环境只有真正使大学生自由全面地发展，才能较好地完成给国家输送高质量、高素质人才的任务"。

第三章 高校思想政治教育面临的机遇和挑战

第一节 高校思想政治教育的影响因素

一、社会背景变化对高校思想政治教育造成的影响

（一）社会主义市场经济体制的产生和发展

社会主义市场经济体制的产生软化了思想政治教育工作，尽管它为我国高校思想政治教育在物质和精神上都提供了有利的条件。

随着社会主义市场经济体制的产生和发展，我国进一步完善了以公有制为主体、多种所有制经济共同发展的基本制度，以及以按劳分配为主体、多种分配方式并存的分配制度；另外，我国还制定了鼓励一部分人以勤劳先富起来，先富带动后富的政策，这些政策极大地丰富了我国人民的物质文化生活，使我国综合国力逐渐增强，不论在物质上还是精神上，都为我国高校思想政治教育提供了很多有利的条件。但是，市场经济也存在一定的负面影响，在发展的过程中出现了抓精神文明建设——手软、抓物质文明建设——手硬的问题，从而在一定程度上软化了高校思想政治教育工作。

（二）社会生活"四个多样化"的影响

人们社会生活的"四个多样化"弱化了思想政治教育工作，尽管它为高校思想政治教育提供了广泛的想象空间和大量的有用素材。

由于改革开放，我国形成了社会经济成分和经济利益多样化、社会生活方式多样化、社会组织形式多样化、就业岗位和就业方向多样化的局面。基于此，人们的思想得到解放，在高校思想政治教育的过程中有了更多的想象发展

空间和素材。但是，在这种社会环境下，一定会出现各种不同的思想观念、价值取向，而青少年的心智还没完全成熟，他们会受到社会上不良因素的干扰，会对自己设定的目标及心中的理想产生怀疑，甚至放弃原本正确的思想，这无疑影响了思想政治教育工作的开展。

（三）迅猛发展的科学技术带来的影响

随着科技的迅猛发展，当今社会正在发生着巨大的变化，科技革命的主要代表是信息技术，它涉及全球。高校的授课当然也离不开信息技术，教学采用信息化和多媒体的方式，以网络为载体传递信息，帮助大学生了解世界，激发他们的创新思维，同时给他们提供更多的展示舞台。但是，在信息技术和互联网迅猛发展的时代，知识传播和更替的速度越来越快，人们必须随时获取新的知识，了解新的动态，否则就无法追赶飞速发展的时代，不能适应新潮流。这种新局势，让人们强烈地意识到提高竞争力和自身素质的重要性，因此督促人们提高文化知识和进行科技方面的学习，而将思想政治教育工作摆在次要地位，这势必会导致学生思想政治素质的下降。

（四）提出与建设和谐社会

党的十九大报告指出："从2035年到本世纪中叶，在基本实现现代化的基础上，再奋斗十五年，把我国建成富强民主文明和谐美丽的社会主义现代化强国。到那时，我国物质文明、政治文明、精神文明、社会文明、生态文明将全面提升，实现国家治理体系和治理能力现代化，成为综合国力和国际影响力领先的国家，全体人民共同富裕基本实现，我国人民将享有更加幸福安康的生活，中华民族将以更加昂扬的姿态屹立于世界民族之林。"

（五）社会的转型

由于改革开放，我国传统的计划经济转变为市场经济，社会经济结构、政治和文化形态也随之产生了较大的变化。对外开放给我国带来了有利的条件，加大对外开放的程度，扩大涉及的范围，可以使社会经济成分、组织形式、物质需求、就业形式变得多种多样，使人们的思维越发活跃。思想政治教育要将这些时代特征充分展示出来，就必须深入了解这种社会转型，充分认识社会转型赋予社会经济结构、政治和文化的新特点和带来的新影响。

(六) 社会管理的必要性

当前,我国社会管理方面还存在一些尖锐性的问题,这也充分体现出我国经济社会发展水平和阶段性特征。时代在发展,我国社会管理也面临不少的新课题,我们只有不断创新改革,完善制度,加大管理力度,提高社会管理科学化水平,才能更好、更快地实现社会的和谐。思想政治教育要时刻准备更新完善,将理论和实践相结合,与不断发展的社会保持同步,及时有效地提高思想政治教育的效果。

二、高校环境的变化对高校思想政治教育造成的影响

高校教育教学的深化改革给高校思想政治教育提出了更高的要求、提供了新的发展机会,但是也在某些方面、在一定程度上弱化了思想政治教育工作。

高校教学管理制度的改革,校内管理体制的完善,办学条件和环境的提高,教学质量的提高,高校整体实力的提升,给高校思想政治教育提供了许多新的发展机会,也对其提出了更高的要求。高校在改革与发展的过程中出现了不少问题。首先,高校扩招增加了学生的学业压力和就业压力。其次,进行学分制教学管理,虽然学生取得相应的学分即可,但削弱了班级集体所具有的功能。再次,对学生公寓实行单独的管理制度,会把学生的生活与学习区域分割开来。诸如此类的问题大大地影响了学生的思维方式、思想观念、心理状态和学习生活方式。一些学生在价值观念上的疑惑和矛盾越来越多,在墨守成规与勇于创新、悲观消极与乐观自信、盲目从众与标新立异、一味索要与无私付出、个人利益与集体荣誉的矛盾冲突中徘徊不定,如果处理不当,不能做出正确的选择,就会迷失方向。因而,从某种程度上来看,高校环境的变化弱化了思想政治教育工作。

另外,当前高校思想政治教育的主体个性独立、自主性强,希望教育者可以尊重他们的思想,使其能够自由地发展,他们健康的、积极向上的思想,使高校思想政治教育充满青春的气息和勃勃的生机。但是,这部分人群大多是独生子女,是家中的宠儿,不少人独立生活能力差,如果教育者没有很好地对其进行教育,不容易实现思想政治教育的目标。

三、高等教育的深化改革对思想政治教育造成影响

高等教育的蓬勃兴盛和深化改革为当代大学生创造了良好的学习和生活环境,但教育的改革和发展对学生也产生了消极作用。

(一)影响教育的重要因素是经济

在体制改革后,高等院校获取资金的途径逐渐拓宽,其内部氛围已经深受社会大环境的影响,最先受到影响的就是校园的学术文化风尚。在投资—受益关系模式的牵引下,高等教育成了一种准公共产品,众多家庭的消费价值观已经发生变化,对子女教育的投入不断加大。许多弱势家庭的主要经济负担就是子女教育支出。高等教育的收费及生活费用的居高不下,使一些学生生活压力骤增,他们开始变得厌学和不会学习。如何帮助这部分学生克服心理障碍,走出心理误区,正确对待和解决自身问题,成为高校思想政治教育的工作重心。

(二)学生群体的异质性增加,学生的交流范围扩大、交流内容复杂化

大学生活具有独特性,它为学生提供了一个较为纯真的学习环境。近年来,我国高校学生的基数逐渐增大,高校不仅是大学生学习新知识、接受科学文化教育的地方,也成了一个文化交流和思想碰撞的营地。大学生所扮演的社会角色也越来越多样化,而且极易被物质化。比较明显的一个例证就是个别高校的食宿等基础设施根据不同的条件被人为地划分为"三六九等",形成了泾渭分明的等级,这是社会上不平等和贫富差距色彩在高校的缩影,这种现象极易造成学生心理的不平衡,产生不必要的矛盾和问题。

总的来说,我国高等教育改革为了实现体制、规模、质量和内涵的全面发展,已经从体制改革、结构调整和规模发展,逐渐步入深化教学改革、提高教学质量的时期。高等教育改革要以科学发展观为指导,提高教育质量,实现规模、结构、质量、效益的协同发展,这些都为思想政治教育工作提供了新的思路和切入点。除此之外,在发展过程中产生的各种各样的矛盾和问题,也会体现在大学生的思想和行为上,这些矛盾和问题加大了思想政治教育工作的难度。

四、大学生思想政治教育对象——"00 后"

当代青年在多元化的社会里呈现出极具复杂性的特征。首先,他们对个人主义价值观有一定的接纳度,也对集体主义价值观有较高的认同度。其次,随着就业形势的严峻,他们对自我发展的忧患意识逐渐增强,所以当代大学生较为重视能力培养和自我发展。同时,由于实践和理论知识的脱节及个人意识的增强,他们对集体主义虽然认可,但在实际行动中却远远达不到身体力行的程度和要求,有的甚至逐渐淡化了集体意识,更不用说集体归属感和凝聚力了,奉献和索取是否平衡等成了他们越来越注重的内容,个人利益、经济利益成为部分学生的首要目标。

(一) 多元化的自我

大学生有对祖国、对社会、对他人更加丰富和深刻的情感体验,包括"天下兴亡,匹夫有责"的责任感、义务感,以及强烈的民族自豪感。在社会上,积极承担社会责任,志愿参加各种社会实践活动,奉献自己的青春;在学习上不断探求真理,丰富自己的内涵;在生活中,无比向往纯洁的友谊和爱情,积极地在实践活动中体验美、欣赏美、创造美等。他们心理成熟的表现就是这些高级的社会情感的发展。

为了掌握人际交往技巧,大学生在日常的社会交往中不断地学习,积极地发展人际关系,构建社会支持网络。为了获得同学和老师的认同,他们坚持真诚相待、诚信为本。为了获得大家的支持,他们有的时候也会掩饰自己,这些都说明大学生情感正在由单纯性向复杂性转变。

此外,大学生的两性情感也在逐渐发展和成熟。除了与同学、朋友及师长之间进行交往,恋爱这种更突出的情感他们也开始体验,深刻的情感体验往往伴随恋爱活动的整个过程,随着这种体验的深入,他们的心理也会一步步走向成熟。

(二) 多变性和流动性

大学时期是青年迅速成长的阶段,这一阶段学生的可塑性很强,他们的思想十分活跃,也很多变。具体来讲,大学时期是从幼稚走向成熟的一个阶段,学生此时的情绪依旧会波动、心态依旧会不平稳,但是比中学时期要好一些。随着自己的价值观、人生观的逐渐形成,加上大学时代对世事、人际等方面有较为深刻的把握,他们的情绪控制能力会好一些。一般处在18~24岁的大学生,身心发展正处于走向成熟但未完全成熟的状态,显著特点就是情绪波动较大、极端固执、易得意忘形、易灰心丧气等。大起大落的情绪,使大学生常常从一个极端走向另一个极端,比如,以前对某个人觉得不屑一顾,突然有一天又会对他敬佩得五体投地,而这个变化可能就是在今天和昨天之间发生的。究其原因,"情绪不稳定的主要原因是青年人对刺激情境的变化非常敏感。尽管大学生对自己的情绪已有了一定的控制能力,认识水平也有了一定的提高,情绪也逐渐变得稳定,但大学生相对敏感并带有明显的波动性的情绪仍然是不能和成年人相比的"。

第二节 高校思想政治教育的机遇

一、教育内容做到了与时俱进

改革开放多年来,我国思政教育取得了显著成果,其中,最为成功的经验就是在马克思主义中国化过程中,以马克思主义中国化理论作为指导思想,始终将党的最新理论成果作为高校思政教育的内容,让高校思政建设始终站在时代前沿。马克思主义的一个重要特征就是与时俱进,这一理论有着时代性特征,会伴随时代发展产生新的内涵,也有着发展性的特征。在社会主义建设过程中,我们不断地将马克思主义原理与各个阶段的国情相结合,在实践上主动创新,产生了大量的理论创新成果,并且用最新成果指导再实践,在马克思主义中国化进程的推进下,涌现出了一系列的全新研究成果。

二、充分满足了学生发展需求

思政课在坚定学生的马克思主义信仰,培育学生树立正确的"三观"上,发挥着重要作用。在思政教学中,学生是绝对的主体,为了让思政教学取得理想的作用,遵循以学生发展为主的原则。一直以来,我国思想政治教育改革均是以学生发展需求作为着力点,在不同阶段、不同时期,学生对于思政内容的需求点也存在差异,国家一直致力于调整课程内容,满足学生需求,在对共产主义思想品德、中国革命史课程的调整中,都充分说明了这一点。另外,学生的成才和发展必须要具备正确的"三观",思政课的开展,就是为了让学生能够站在马克思主义立场观点来分析问题、解决问题。同时,课程之间具有差异性,思政课不仅属于专业课的范畴,也是一门重要的德育课程,既能够传授学科知识,也具有明显的德育功能,能帮助学生具备良好的道德情操和职业操守,使之树立为人民服务的意识。在思政课的改进过程中,一直将以学生为本的育人理念作为首要原则,充分彰显了学生的主体地位。

三、教材建设取得明显成效

教材是开展思政教育课的一项重要基础,做好思政课教材的建设,让党的最新理论研究成果进入教材,是提高思政教育质量的前提条件。改革开放以后,党中央、教育部门高度重视课程教材的建设和改革,不断完善教材内容,教材编写质量得到了显著提升,全国开始推行统一的教材,切实推进了党的最新理论研究,并且党的理论成果逐步转化为教学体系,在价值体系的转换上取得了显著成效。

四、教师队伍的建设初现成效

教育大计必须要做到以教师为本。在学生的成长和成才过程中,教师起着不可替代的重要作用,教师是学生个性的塑造者,也是学生智力的开发者,是学生成长道路上的引路人。在思政教育中,教师是精神文明、社会意识形态的传播者,多年来,我国思政教育之所以取得如此显著的成果,其重要原因就是组建了一批有道德、有水平、有能力的思政教师队伍,为思政教育改革提供了扎实的智力支持。在2018年,教育部正式印发了相关文件,从顶层设计方面要求继续完善思政教师队伍的建设,并提出要增设教师培训研修基地,为青年骨干教师提供成长平台,创新教师的培育,并充分发挥教师对教学工作的指导作用,组织了大规模的备课活动,显著提高了思政教师的思想觉悟和教学水平。另外,国家也为思政教师教学方法的改革和创新提供了有效的支持,让教师充分实现了专业化发展。

五、初步搭建起功能完善的学科平台

在思政教育中,学科建设是一直关注的重点问题,利用学科建设,可以为

课程内容的教学改革提供学理支撑,而要真正地建设课程,科研必不可少。课程实践可以对科研起到推动作用,实现科研工作的继续发展,随着思政课教育改革的深入,党中央充分认识到必须要做好学科建设工作,对马克思主义理论进行深入研究,及时帮助大学生答疑解惑,并将马克思主义与我国实际国情相联系,促进我党理论的创新。1996年,国家增加了马克思主义基本原理与思想政治教育二级学科点,致力于培育专门从事相关理论研究的专才,学科建设的开展也为教师队伍、思政人才提供了重要的补充,为此国家出台了专门的文件来支持学科建设,为帮助思政课教师上好思政课提供了扎实的支撑。

六、思政课教学方法日新月异

教学方法在某种程度上决定着教学质量,思政课教学方法的创新是帮助教师上好课的一项重要举措,是每个专业大学生学习的一项必修课程。通过思政课,要为学生开展针对性的思政教育,让学生掌握马克思主义世界观与方法论,并在授课环节向学生灌输社会主义核心价值观理论,帮助他们更好地学习、践行社会主义核心价值观,相较于专业课程,思政课的政治性较强,且其中有大量理论、枯燥、乏味的内容,学生学起来比较困难,如果单一采用传统的教学模式,学生的接受能力有限,会导致课程德育效果无法得到真正地落实。改革开放后,党中央教育部门对于思政课教学方法的创新也予以了高度重视和扶持,要求思政教师以教学方法的改革作为抓手,为思政教育内容赋予更多的趣味性,构建完善的思政课教学体系。另外,要求以学生的发展作为需求,遵循课程规律、创新教学方法,根据学生发展规律和特点,应用其喜闻乐见的教学方法来提高学生积极性,每一阶段,课程方案的改革都肯定了教学方法的重要意义,尽管国家、高校、教师都付出了巨大的努力,但是,在思政课教学方法的改革上还有较长的道路要走。

七、构建起了健全的管理体制

完善思政课是一项系统、复杂的工程,需要坚持党委领导,构建完善的管理机制,改善高校思教育的环境和条件,制定完善的思政课教育教学体系,从学科建设、课程建设、教师队伍、教学方法等方面制定与之相符的管理机制。改革开放以来,党中央对这项工作高度重视,也针对思政教育构建起了健全的管理机制,有效解决了在改革发展中出现的问题。课程体系的改革主要经历了三次,在 2017 年,教育部对于思政教育管理机构的建设,出台了专门文件,在全国范围内掀起了推行马克思主义学院的热潮。

第三节 高校思想政治教育的挑战

一、理论教育的问题

(一)学生为本的教学理念未得到充分体现

要提高思政理论课堂的教学质量,需要全程落实"以学生为本"的教育理念,但是,就当前的高校思政理论课程的情况来看,这一方面还比较欠缺,主要表现在以下方面。

(1)课堂上师生之间不是平等的地位,教师、学生对于师生关系的理解存在误区,而教师没有认识到自身的主导会影响学生的发展。高校大学生,他们已经成年,有很多思想困惑,也有强烈的批判思维,如果教师无法对其进行正确的引导,很容易导致学生产生反感情绪,影响师生的关系,而这种不和谐的关系也会影响正常的沟通和交流,进一步对思政理论课的教学质量带来影响。

(2)教师主宰着课堂,倡导应用灌输式的教学模式,在课堂上,与学生的交流互动较少,没有积极根据学生的课堂表现和反馈来调整教学内容,学生只能被动学习和接受,这种忽视学生主体地位的教学方法,无法激发出学生的学习兴趣,也难以调动学生学习的主观能动性,影响课堂教学质量。

(二)教师教学语言过于学术化

要提高高校思政教育的质量和水平,必须要解决教师的"内功"问题。多年来,思政课教师在课堂教学上主动创新,取得了明显成果,但是,在各类因素的影响下,课堂语言过于学术化的问题也时常存在,教学与学生的期待不符,这主要集中在以下两个方面。

(1)教师在具备了扎实的学科知识后,没有搞清楚学生切实关心的问题,也没有根据学生的需求来转换表达方式,无法采用学生习惯的语言来阐述教学内容,只关注内容的学术性,久而久之,会挫伤学生的参与积极性。

(2)在课堂中,有的教师语言乏味单调,让课堂教学索然乏味,还有部分教师不擅长与学生互动，驾驭课堂的能力有限，这种过于学术化的课堂语言，会让学生感到思政课堂枯燥不已。

（三）教学方法缺乏趣味性

教学方法的选择对于教学效果的提升具有直接影响，科学的教学方法可以让思政课堂达到事半功倍的教学作用，反之，就会削弱学生的参与兴趣，在少数教师群体中，存在课堂话语霸权的问题，让思政课堂变成一言堂，缺乏与学生之间的交流和互动，加之少数教师习惯对内容进行过度解读，学生在被动的听讲下，丧失了思考机会。另外，部分教师在思政教学中没有做到因材施教，因材施教就是要根据学生的认知能力、受教育程度、成长环境、知识接收快慢等开展教学活动，教师在选择教学方法时，没有对班级授课学生的个体情况进行认真分析，不了解他们思想上的困惑，只是依靠个人经验来选择教学方法，这种方法必然无法真正地做到因材施教，导致师生之间的情感共鸣减少。

（四）教学内容与实际脱节

内容是课堂教学的重要组成，内容不对，会对教学目标的实现产生负面影响，教学内容与学生实际的脱节主要表现在以下几个方面。

（1）教学内容缺乏针对性。内容过于理想化；忽视学生的需求和社会实际，没有真正地站在学生角度为其解答热点问题，当学生的思想疑惑没有及时得到解决时，就会打击他们积极性。长期的理论讲解，让学生对思政课堂产生抽象的感觉，认为思政学习与自己的距离比较遥远。

（2）在思政课教学内容中，存在教材化的定格问题，所谓教材化定格问题，就是教师采用统一的教学模式和认知路线，一提到教学内容，就采用教材的知识来进行授课，这种单一的授课模式，无法让学生将所学内容与生活相联系，学生也理所当然地认为此种教学是乏味的。

（3）教学内容存在大量重复，大学阶段的思政课程与初高中阶段的内容存在重合性，如果教师无法从各个角度为学生来解读，那么，学生自然会认为是简单的说教，这就弱化了思政教育的实施效果。

（五）学生习惯被动接收

在高校思政课教学中，学生、教师、教材都是不可或缺的重要因素，能否发挥出学生的主观能动性，直接影响教学效果。一直以来，学生都习惯了被动的接受方式，加之教学方法选择不当，教学内容单一乏味，就会导致学生不愿意参与课堂学习，只会被动接受，学生对于课堂的参与积极性不高，在课堂上，学生大多是聆听者的角色，不能积极参与教学活动，与教师的沟通较少，这样，也无法及时获取到学生的反馈。

二、教育实践的问题

在高校思政课教学的持续改进下，各个高校对于思政实践教学重要性的认识也逐步提升，实践教学实效性得到了显著增强，一线教育工作者在研究进程中，不断探索，创造出大学生喜闻乐见的实践教学模式，例如，课堂新闻发布会、咨询教学等，但是，从总体上来看，思政实践教学还存在以下一些问题。

（一）专项经费未得到落实

从实际教学进程来看，很多高校大学生对于思政实践课程的了解不够深入，仅仅是停留在听说和初步了解层面，多数学生不知晓社会实践活动和思政课实践活动的差别。当前，多数高校为了满足人才培育需求，构建了完善的思政实践教学计划，对思政课程按理论和实践比例分配了学时和学分，但是，学生对于思政课实践的认知度一般在初级层面，大多数学生并没有真正地走出去，即便是实践，也是以校内实践为主。实践形式如观看影片、课堂小组讨论、师生互换教学等，这类实践活动对学生知识的理解具有促进作用，但是，对于他们实际问题解决能力的培育作用并不大。相较而言，校外实践更能够有助于学生问题分析和解决能力的培育，个人素养也可以在校外实践中得到显著提升。然而，高校在专项经费方面普遍有限，对于校外思政实践的支持较少，思政课是多元化的内容，由多个课程构成，对于实践活动，也有丰富要求，由于实践教学经费短缺，导致具体的实践教学落实起来存在种种困难，不管是实践基地建设，还是思政实践开支，都离不开经费的支持，多数高校对于思政教学的经费只是集中在日常办公和理论课教学上，思政实践的费用则较少，甚至没有。

（二）责任制度不够完善

要确保高校思政实践教学活动的顺利进行，需要制定完善的责任制度，将思政课实践内容划分给相应负责人，在发生问题后，可以追溯至个人。受制于各类因素的影响，多数高校在思政课实践教学时，缺乏完善的责任制度，也没有根据要求来制订教学计划。实践教学是思政教学中一个非常重要的环节，要确保实践教学顺利进行，需要严格按照要求来制定教学大纲和教学计划，让实践教学计划能够成为推进思政实践教学稳步进行的基础。另外，对于思政实践教学，教师持高度重视态度，但是，由于平时的教学精力有限，没有根据实践教学要求来制定责任制度，在组织思政课实践教学中，经常会发生权责不清的问题，教师需要提前做什么准备？属于什么主导地位？哪些情况是需要教师负责的？等等，由于缺乏责任制度，给后续的实践教学带来了诸多隐患。部分高校为了避免出现问题，索性不组织思政实践，而领导和教师之间也存在相互推诿的问题，领导认为思政实践教学麻烦、事多，将责任推给思政课教师，而思政课教师本身学术、授课压力就大，在这种情况下，他们更加缺乏开展思政实践教学的热忱。

（三）缺乏高素质实践课教师

在现有的思政实践指导中，思政课教师只是针对简单的问题予以学生指导，并没有起到应有的意义，很少能够帮助学生扭转错误的思想观念，甚至有部分教师没有为学生提供有效指导。思政实践教学多数是教师要求、学生组织，有时，教师并不到场，针对实践中的问题，也大多是选择性忽视，要顺利完成思政实践教学，对教师的各项能力都有严格要求，能够胜任这项工作的教师既要有丰富的教学经验，也要对这项工作具有热忱，就当前的高校思政教师队伍来看，他们对于这项内容不够熟悉，将大量精力都用在备课、理论课、批改作业、PPT制作上，很难分出精力在思政实践教学中。而刚刚参与工作的青年教师，他们具有扎实的专业知识和良好的职业荣誉观，对于思政实践教学具有很高的热情，但是由于经验不足，加之社会接触面狭窄，他们往往缺乏理论与实践之间的结合能力，无法把握思政实践教学中的各类问题，此外，由于对问题的解决能力有限，就会导致思政实践教学无法取得理想的成效。同时，高校基本上没有对思政实践课程安排专任教师，在时代发展下，思政实践教学也出现了一些新的文化、思想和方法，不少教师习惯沿用传统的教学模式，在思想上墨守成规，不符合新时代教师的要求。

（四）思政实践教学途径单一

其实，相较于思政理论课程，学生对思政实践内容具有更强烈的参与欲望，大多数学生更加喜欢寓教于乐的教学模式，希望能够在实践中实现知识的内化，并通过思政实践课程来更好地理解所学知识。当前，信息技术的发展、"互联网+"时代的变革促进了学校、社会之间的深度结合，学生也不再是处于象牙塔之中,他们有了更多的途径来了解这个社会,也逐步认识到自身的发展和成才不仅仅需要学好理论知识,还要全面提高个人的综合素质。实践教学对于自身思想观念的养成、道德素质的提升,都具有重要价值,就目前的思政实践教学情况来看,部分学校组织形式单一,即便学生有参与意愿,但苦于没有机会。另外,思政实践的教学资源有限,无法同时容纳所有大学生的参与,有时只能筛选少数积极分子、优秀学生来参与,这种以点带面的方式很难达到实践教学的目标和要求,也会打击其他学生的积极性。同时,社会、企业对思政实践基地的支持力度也不大,现有的思政实践教学基地数量有限,质量不高,仅有的基地也是教研组负责人出面谈判,教师能够真正利用的资源很少,在场地利益问题的影响下,也很少有企业愿意为高校提供思政教育实践场所,且目前的实践基地单一,主要是社会福利机构、高校周边乡镇政府等,实践成果不明显。

三、资源开发的问题

(一)校内资源增加,但未发挥教育合力

在高校思政教育活动上,需要多个开发主体的参与,近年来,在党和高校的高度重视下,高校思政教育主体范围得到了显著扩大,除了思政课教师、高校辅导员之外,专业课教师、党政领导干部、后勤服务人员、优秀学生干部等都参与到思政教育工作中,为思政教育发挥着重要作用。但是,各个主体之间的联系并不紧密,在资源开发和利用过程中,尚未形成合力。

从辅导员层面来看,当前,辅导员的学历要求越来越高,其素质不断提升,但是,在思政教育上,没有发挥出辅导员的合力。近年来,高校针对辅导员组织了一系列的专项培训,使其个体素质得到了大幅提升,专职与兼职辅导员的比例配置也得到了很好的改善。但是,在辅导员队伍群体中,年龄结构失衡的问题普遍存在,没有将老、中、青三代教师进行科学搭配,在性别上也存在失衡,能力搭配不够科学,同质化问题严重。从总体来看,辅导员的职业化和专业化水平还需进一步提升。

从专业课教师层面来看,尽管"课程思政"开展得如火如荼,但是,学生接受思政教育的主要阵地依然还是以课堂为主,思政教师是主力。还有少数专业课教师认为思政教育是思政课教师的任务,在专业课教育上,没有充分发挥出课程思政的作用。加之辅导员、专业课教师沟通机制不够完善,导致两者出

现脱节，在人员的开发、利用上，存在闲置和浪费问题，各个主体比例结构失衡，人才利用意识不强，辅导员、专业课教师、思政课教师之间缺乏连接性，未形成合力，无法达到既定的教育目的。

从学生资源的情况来看，学生与导师之间的联系持续性不足，在学生资源开发上，主要推行学长制、导师制的模式，导师的学识渊博、经验丰富，能够从多个层面为大学生开展素质教育，成效也非常明显，但是，导师的课业繁重，还承担行政职务，时间精力有限，只有学生在有事时才会主动找导师，导师与学生之间的联系不太密切。而高年级学生也没有与新生形成"一对多"帮扶，新生在刚刚入学后，需要学长的指导，针对他们在学习、心理、生活中的问题，由学长予以解答和引导，但是，诸如此类的活动也仅仅是开展较短时间，后续就不了了之。

（二）社会资源的开发缺乏经常性

目前，有更多的思政社会资源被纳入了高校思政教育中，并且发挥着重要作用，也取得了明显成果，但资源的开发范围有限，利用频率也不高。主要表现在以下几个方面。

（1）在党政领导干部资源方面。领导干部们具备扎实的政治素养和理论基础，也有丰富的实践经验，邀请他们进入高校为学生上思政课，是思政教育的一种创新。在2015年，中组部、中宣部与教育部联合下发的《关于领导干部上讲台开展思想政治教育的意见》中，明确提出了要求各省级领导干部每学期至少上一次讲台，这类领导干部资源对思政教育起到了很好的促进作用，但是，由于领导干部身兼要职、工作繁忙，虽然具有独特的思政教育优势，但是无法经常出现在思政课堂中。

（2）校友资源的开发有限。通过对校友资源的开发，可以进一步丰富思政教育内容，让学生树立正确的思想观念，也为大学生提供了成功榜样和就业指导。优秀校友，他们是各个行业的精英，在这类资源的开发上，具有不稳定、间断性的特征，一般只有在校庆或者校友聚会时，优秀校友才会列席，校友资源的开发失去活力，且开发途径单一，忽视了情感知识和信息资源上的开发。

（3）校外实践资源有限。在大学生的成长、成才中，实习基地、科技园、校外实验区均是不可或缺的重要资源。目前，越来越多的高校与企业合作，大力推行产教融合、校企合作，但是，在思政校外教育资源的开发上，存在一系列问题，多数校企合作只是局限在生产、实习中，很少开展思政教育。且高校为大学生安排的实习时间较短，实际课程内容较少，学生常常分批次、分散参与,并没有发挥出应有的教育作用。另外,高校都在普遍与部队合作,组织新生军训,为大学生上好第一堂课。在大学生刚刚入学时,一般都要接受1~2周的军事训练,让他们体验军队的军事化管理,这对思政教育具有积极影响,但是,军训时间短、场地有限,加之天气炎热,短时间的训练无法取得理想效果,且学校与部队之间的联系也不太紧密,学生在大学期间仅仅只能参加一次军训活动,缺乏经常性。

(4) 社区资源利用率不高。社区也是高校思政教育资源的一个重要组成,目前,也有一些高校在合理利用社区资源为学生提供了锻炼机会。在社区中,蕴含着丰富的思政教育资源,比如少年宫、博物馆、爱国主义基地、科技馆等,但是,还有很多高校未意识到社区在思政教育上的重要意义,没有主动对社区的文化资源进行深入开发和利用,只是组织学生短暂进入社区参观和学习,社区资源的利用方式也大多是短期实习或者做义工,社区志愿活动的开展很少。

(三) 思政教育资源共享缺乏融合性

合并教育已经成为下一阶段的大势所趋,为了提高高校思政教育工作的实效性,需要促进教育资源的共享,对各类思政教育资源进行优化配置。在政府的支持和帮助下,高校合并取得了显著成果,实现了教学楼、实验室、图书馆的设施共享,有效改善了高校的整体布局,并且在师资队伍建设上,发挥出了重要力量,产生了规模效应。但是,高校合并是一个较大的工程,涉及诸多内容,在合并中也存在一些问题,没有实现实质性融合。主要原因有以下几点。

(1) 学科资源融合难。学科建设,尤其是优势学科的建设会对思政教育的人才培育质量产生直接影响,这直接关乎高校的思政教学效益。在近年来的改革下,各个学科专业之间交叉重组,门类更加齐全,但是,学科融合并非简单杂糅,学科转移方向需要遵循一定规律。在学科资源的开发过程中,还存在效率低、浪费投入的问题,由于学科的方法、性质不同,合并后没有形成有机系统,在自然学科、基础学科、技术学科、应用学科的比例安排上不合理。

(2) 校园文化没有得到深刻融合。校园文化的建设能够为高校思政教育工作带来新的活力,促进优秀文化资源的共享,文化是长期形成的潜在无形内容。目前,多数高校将注意力放在学科建设上,忽视了文化建设的重要意义,导致校园文化之间无法实现协同,其他学科资源、人力资源的融合也受到了不利影响。

(3) 环境资源建设缺乏规划性。随着国家对教育投入的增加,高校的环境建设得到了显著改善,硬件基础设施不断完善,在环境资源的开发和利用上,财力和物力资源是不可或缺的,环境资源也会对思政教育起到潜移默化的影响,但是,在环境资源的开发上,高校缺乏科学规划,没有发挥出理想的育人效果。

(四)网络资源开发缺乏系统性

在科技发展下,大量的网络技术被投入高校思政教育工作中,新时期的大学生,他们对新事物的接受能力非常强,高校在思政教育工作上,也要与时俱进,创新教学方法。目前,高校也在尝试应用云计算、现代化网络技术、云课堂等,让思政教学变得更加丰富,但是,网络资源开发需要借助资金、组织、管理资源、人力资源和网络技术监管才能实现,在网络资源的开发上,还存在以下一些突出问题。

(1)思政教师队伍对网络基础理论掌握不扎实。当前,高校思政教师队伍的综合素质尽管得到了显著提升,但是,少数思政教育工作者对网络信息的搜集、检索缺乏能力,对网络资源无法做到熟练使用,资源的利用率低。

(2)对网络平台的维护、监督和管理不到位。高校网络资源是一种链式结构,在开发和利用环节中,常常被忽视,且网络中的思政教育资源参差不齐、各自为战的现象也比较普遍,不同网络思政教育资源没有形成完整体系,无法做到主体资源、信息资源、科技资源之间的整合,难以调动起广大师生的参与积极性。

四、考核方面的问题

(一)目标定位失衡

基于高校思政课的教学规律和课程性质来看,在考核上,要确保课程目标、考核目标之间的一致性,只有这样,才能对教学目标的实现程度进行检验。在目前的高校思政课考核中,存在两种负面倾向:一方面,考核目标比较片面。高校思政教学考核需要涉及知识、能力、思想政治素质几个方面,但是,多数高校将思政课考核限定为对基础理论知识的掌握和记忆,忽视了学生的能力、信仰以及思想政治素质的考核,由于考核目标片面,让考核结果的说服力不强。另一方面,考核目标上,形式化问题严重。不少高校在思政课考核上,存在流于形式的问题,仅仅是在思政教学结束后进行的一项必要工作,各类考核的创新性做法实用性不强。这两种倾向都影响了考核质量。

（二）未发挥出考核的导向激励作用

考核是高校思政教学的一个重点环节，有着导向性的功能和作用，这种导向如同指挥棒一样，会对教师的教、学生的学产生影响。目前，对于思政教育的考核，一般是将其量化为分数，采用分数的方式来进行评价，这导致学生对思政课程的学习也是停留在浅层上，更加关注知识的记忆和再现，忽视了知识的逻辑和应用。思政课考核具有重要的激励作用，主要表现在对学生学习态度的调节和学习积极性的激发上，而这种激励作用包括动力激励、压力激励两个层面，动力激励即让学生看到在思政学习中的进步，激发出他们继续学习的积极性；压力激励就是通过考核给学生带来压力，改变学生的消极学习态度，使之正确认识自身的优点和不足。思政内容的学习是一个从浅到深的过程，学生需要经历长期磨炼，考核具有极大的促进作用，在考核的激励下，学生也会产生正面和负面倾向。但是，现有的考核比较片面，信度不高，无法充分反映出学生思想道德水平的变化，还有一些学生对思政课考核存在功利心理，只是希望通过拉高成绩获取奖学金，没有充分发挥出思政课的激励作用和功能。

（三）考核范围不够清晰

要让思政教学考核得到理想的作用，需要明确考核内容的范围，哪些内容需要考核，哪些内容不需要考核。目前，对于思政课考核范围的讨论，主要集中在实践、情感态度、价值观几个方面，主流研究倡导要将思政课实践纳入考核范围。关于情感态度和价值观方面，要求采用设计量表的方式来考核，由于当前各高校在思政教学考核范围的界定上存在一些不同之处，在具体的考核实践中，做法也各有不同，这样，不同高校的考核结果也存在差异，缺乏公正性。

（四）考核检测结果失真

高校思政课考核有着双向诊断的作用，既能够检查学生的学习效果，也可以评估教师的教学水平。在思政课考核检验结果上，失真问题普遍存在。具体来看，考核结果无法对思政课教师的教学水平予以全面反应，目前，很多高校在考核上，还是采用统一的命题和考试方式，没有充分体现出不同思政课教师各自的教学特点，个性化不突出，这种照本宣科的考核模式，无法体现出考核的差异性。另外，考核成绩上，也无法对学生的思政课学习成果作出全面反馈，难以衡量学生情感态度、价值观的变化，即便平时不认真上课，思想行为表现不佳，只要在考前加强记忆和背诵，一般也能取得不错的成绩。

（五）考核内容结构不合理

针对思政课考核内容比例的划分，目前学界的看法还不统一，一般认为针对理论考核成绩和实践成绩，按照三七分的比例，在具体的考核中，不少教师还是将平时成绩作为主要的考核内容，忽视了对实践的考核。

（六）忽视了考核的反馈作用

在考核过程中，反馈是一个重点环节，也是考核的最后一个部分，通过对考核结果的评估，提出意见来改进，这能够进一步优化思政课教学效果。针对考核结果，思政课教师要进行详细分析，检测学生学习情况，并分析学生的学习成绩，但是，在考核结束后，多数教师只是将其一起汇总、上交，通过简单的优秀率、及格率来统计，没有针对试卷的难度、效度、信度等进行分析，未发挥出考核对思政教学的反馈作用。

由于考核中的种种问题，严重影响了考核功能的发挥，对学生发展、思政课教学改革、思政课教师的成长都带来了一些负面影响。

五、教师队伍建设的问题

高校思政课是弘扬社会主旋律、引领社会潮流的重点环节，高校思政教育工作的质量取决于思政教师队伍的整体素质与综合能力，思政教师必须要做到爱岗敬业、爱国守法、为人师表，才能为学生打造出旗帜鲜明、生动活泼的高校思政课堂，帮助学生树立正确的思想观念。目前，在高校思政教师队伍的建设上，还存在以下一些突出问题。

（一）年龄结构两极化

要提高高校思政教育工作的成效，需要建立一支完整的思政教师队伍，通过老、中、青年龄的均衡搭配组合来优化教师教学能力，在老、中、青教师的合理搭配下，专家型老教师能够对整个思政教育队伍进行指导和引领，他们职称级别高、教育经验丰富，比例需要在50%以上，中年、青年教师比例一般控制在30%、20%，将三种年龄层次的教师进行搭配合作，能够为思政教育建立良好的师资支持。但是，在多数高校的教师队伍建设上，层次缺乏渐进性，三个年龄阶段师资队伍不够协调。

（二）教师流动性大

与专业课教师相比，思政课教师一直处在尴尬的边缘地位，尽管国家、高校对思政教育工作的重视度越来越高，但是，思政教师的尴尬地位尚未得到根本性转变。学生在进入高校后，在几年的学习生涯中，会更换多个思政教师，与其他的教师相较而言，思政课教师存在很大的流动性，如果有的思政课教师业务能力足够优秀，可以走上行政岗位。

（三）教师队伍性别比例失衡

在各个行业中，都存在性别比例失衡现象，在思政教师队伍中，性别比例失衡问题也普遍存在，具体表现为女性教师比例偏高，而男性教师数量则较少，这种男女差距可能还会继续增大。在这种失衡的性别结构下，思政课女教师也面临职业困境，例如，刚毕业后的女教师在进入工作岗位后，会面临成家、生子的压力，这会导致各个阶段的工作无法得到有效的衔接，也会给教师带来更多竞争。

（四）教师素质有待提升

一方面，教师的政治信仰还不够坚定，少数思政教师对马克思主义理论缺乏深入理解，没有高度理论自信，不能坚定地拥护我党领导，有时，还存在心口不一的现象，伴随时代的发展，一些教师无法紧跟时代步伐的变动，思想依然停留在传统的理念中，没有做到与时俱进，导致学生的政治信仰出现了偏差；另一方面，思维方式比较保守。要提高高校思政教育工作的质量，在思政教育上，要大胆突破，树立问题意识，聆听时代的呼唤，打破传统思政教育的禁锢，在目前高校思政教育工作中，"穿旧鞋"、走老路的思维普遍存在，一些教师缺乏创新力，缺乏终身学习的意识，长年累月在教学和备课上故步自封，影响了高校思政教育的水平和质量。同时，思政教学语言平平淡淡，缺乏生动色彩，让思政课堂氛围变得死气沉沉；在语言方面，无法将教材中枯燥的语言转化为学生喜闻乐见的趣味通俗语言；在教学模式上，缺乏启发性，学生会对思政课学习产生消极应对的心理。此外，部分教师的理论视野比较狭窄，然而，要成功地开展思政教育，思政教师必须具备广阔的视野。要胜任高校思政教育，教师必须要具备良好的专业知识、丰富的实践经验、广博的文化知识，并掌握心理学、教育学方面的内容，并且还要掌握治国理政、中国梦建设、中国特色社会主义等最新理念，一些思政教师在这一方面还比较欠缺，无法为学生通俗易懂地讲解相关内容。

同时，一些教师的自律意识比较薄弱，在新的历史时期下，思政课教师队伍肩负着培育高素质人才的伟大使命，他们需要为学生疏通思想、传递"红色"革命知识、培育学生的灵魂，要真正达到这一目标，思政课教师需要做到以身作则，少数思政课教师在课堂上是光辉的师德形象，在课下却言行不一。

导致教师队伍建设问题的原因多种多样，主要包括主观和客观两个因素。

（1）主观因素的影响。首先，政治信仰不强。在互联网的发展下，一些内容会对身心尚未成熟的大学生产生影响，因此，作为高校思政教师，强化舆论引导十分重要，在课堂中，部分教师不能坚定价值观念，甚至出现了偏差，还有极少数的教师没有对新时期中国特色社会主义建设的相关文件进行深度解读，没有留出足够的学习时间和空间，导致新时代的思想无法内化到学生的头脑中。

其次，创新能力有限。真正有效的高校思政教育，应该与时代和生活密切相连，其包含社会子系统的各项内容，如经济、政治、文化等，要讲好思政课程，教师就要将理论、实践深度结合，做到从生活中来，到实践中去，但是，目前部分教师的思政课程讲解脱离了实践，只关注理论学习，没有将实践和理论结合起来，教学活动缺乏创新性。

最后，知识体系不健全。要成为一名综合素质较高的高校思政课教师，需要具备精深的专业知识、广博的文化知识和扎实的教育理论知识以及丰富的实践经验，但是，从整体来看，多数高校思政教师未达到这一要求。

（2）客观因素的影响。首先，对学科的重视度不够。从小学到中学，无论是家庭、学校还是社会，都没有予以思政教育应有的重视，在很多家长、学生看来，在学校期间，主要任务是把专业课学好，思政课只是辅助，这就导致高校思政课教师没有得到应有的重视，职业自豪感降低。

其次，社会风气的影响。现代社会知识更新速度极快，经济迅速发展，各类浮躁之风也变得盛行。作为一名优秀的高校思政课教师，其主要目的应是教书育人、传播新的思想，但是少数教师还依然存在应试教育问题，在引导学生记忆时，是采用画重点、记笔记的方式，其功利主义、浮躁思想的影响也体现在高校思政教学上。

最后，制度资金支持不足。在高等教育事业的发展下，国家对于高校教育的投入比例越来越高，但是，在思政教育的投入上稍显薄弱，无论是思政教师队伍培养，还是教育基地的建设，投入都需要继续增加。

第四章　高校思想政治教育的指导思想

时代性反映了人类社会发展的规律，时代性符合当代社会发展要求，时代性体现了时代变革精神，时代性是适应人们思想行为的时代总范畴和总概括。坚持具体的、历史的、发展的和与时俱进的观点就是高校思想政治教育的时代性。马克思指出："理论只要说服人，就能掌握群众；而理论只要彻底，就能说服人。所谓彻底，就是抓住事物的根本。"所以，我们要树立解决高校思想政治教育时代性问题的指导思想，并按照这些指导思想的要求付诸行动，使高校思想政治教育工作方式及内容亲近时代、亲近生活、亲近大学生。

第一节　坚持中国特色社会主义理论

解决高校思想政治教育时代性问题的根本指导思想是中国特色社会主义理论，它是在任何情况下都必须要坚持的一种指导思想。

马克思主义用科学的世界观和方法论深刻揭示了自然界、人类社会和思维发展的普遍规律，成为无产阶级政党建设和发展社会主义的根本指导思想。马克思历史唯物主义和辩证法思想要求理论结合实际，实事求是，一切从实际出发，具体问题具体分析。从客观上看，这都是进一步诠释和解读时代性的哲学原则和哲学思维。中国特色社会主义理论是马克思主义中国化思想的动态表现，马克思主义基本理论在中国特色社会主义建设和改革开放过程中被赋予了新的时代特征和内涵。2013年1月，习近平总书记在新进中央委员会的委员、候补委员学习贯彻党的十八大精神会议上发表了《毫不动摇坚持和发展中国特色社会主义》的重要讲话，他强调："党的十八大精神，说一千道一万，归结为一点，就是坚持和发展中国特色社会主义。"他认为坚持和发展中国特色社会主义的根本依据是时代性，"马克思主义必定随着时代、实践和科学的发展而不断发展，不可能一成不变，社会主义从来都是在开拓中前进的。坚持和发展中国特色社会主义是一篇大文章"。

高校思想政治教育的社会实践活动，首先，必须站在马克思主义立场，对高校学生存在的理想信念、思想政治素质、道德作风、先进性等方面的问题，进行辩证分析，以马克思主义的观点和方法具体问题具体分析，因材施教，对症下药，将学生的特殊需求和问题考虑进去，才能真正提高他们的思想政治素质。其次，要让大学生养成理论和实践相结合的行为习惯，将掌握的马克思主义理论和自身的发展和完善相结合，不断验证理论的正确性。作为高校思想政治教育的工作者，要发挥历史的主动性和创造性，清醒地认识世情、国情、党情的变和不变，永远要有逢山开路、遇河架桥的精神，要锐意进取，大胆探索，敢于和善于分析并解决现实生活中和学生思想上迫切需要解决的问题，不断深化改革开放，不断有所发现、有所创造、有所前进，不断推进理论创新、实践创新、制度创新、文化创新。

除此之外，大学生还应当加强中国特色社会主义理论的学习，因为它是新中国七十多年来建设的经验总结，是最符合中国国情和中国发展道路的理论指导。大学生要坚持用最新的中国特色社会主义理论来丰富自己，从而提高自己的思想政治道德素养，实现自我的发展和完善。

第二节　坚持服务于党和国家中心工作

思想政治教育要以服务于国家和社会的发展为中心任务，只有这样，思想政治教育内容才能保持在正确的轨道上，并且跟随时代的步伐科学规划教育内容，实现其有效性。即使时代在不断发生变化，也一定要围绕党的中心工作及时调整高校思想政治教育的时代性和发展性内容。习近平总书记指出："当前，全党面临的一个重要课题，就是如何正确认识和妥善处理我国发展起来后不断出现的新情况新问题。现在，我们遇到的问题中，有些是老问题，或者是我们长期努力解决但还没有解决好的问题，或者是有新的表现形式的老问题，但大量是新出现的问题。新问题每时每刻都在出现，而且多数又是我们过去不熟悉或者不太熟悉的。出现这样的状况，是由世情、国情、党情的发展变化引起的。"他还提出："要着力服务全面建成小康社会、全面深化改革、全面依法治国、全面从严治党的战略布局。'四个全面'的战略布局是从我国发展现实需要中得出来的，从人民群众的热切期待中得出来的，也是为推动解决我们面临的突出矛盾和问题提出来的。"

当前，全面深化改革，推进国家治理能力和治理体系现代化，依法治国，最终实现国家富强、民族复兴和人民幸福"三位一体"的中国梦是党和国家的中心工作。所以,"思想政治教育就要围绕这一中心和关键,努力将大学生的思想政治道德素养提高,增强大学生思想政治教育的针对性和实效性"。

第三节 坚持中国共产党的领导

习近平总书记指出,办好我国高等教育,必须坚持党的领导,牢牢掌握党对高校工作的领导权,使高校成为坚持党的领导的坚强阵地。党委要保证高校正确办学方向,掌握高校思想政治工作主导权,保证高校始终是培养社会主义事业建设者和接班人的坚强阵地。各级党委要把高校思想政治工作摆在重要位置,加强领导和指导,形成党委统一领导、各部门各方面齐抓共管的工作格局。各地党委书记和有关部门党组书记要多到高校走走,多同师生接触,多去高校做报告,回答师生关注的理论和现实问题。要加强同高校知识分子的联系,多关心、多交流、多鼓励,善交朋友、广交朋友、深交朋友,多听他们的意见,真听他们的意见。

进入 21 世纪以来,中国面临的国际环境依然严峻。总的来说,各国相互制衡和竞争,呈现了一超多强的局面,世界处在一个相对和平的状态,但少数地区依然动荡不安,局部战争时有发生,霸权主义和强权政治并没有消失。美国和西方其他一些发达国家,利用自己的经济和军事力量以及传统的优势地位,肆意妄为,主导制定有利于自己的游戏规则,把多数发展中国家玩弄于股掌之中,借助全球化把控弱小国家的经济命脉。它们把自己主张的价值观念和政治民主包装和美化,通过文化殖民不断侵扰中国人民的思想,一直不放弃对我国进行"和平演变"。这些已经成为我们党的全部工作和建设中最不能忽略的重大挑战。面对新形势、新情况,只有不断完善和发展自己,才能更好地推动中国特色社会主义伟大事业的崛起。

从思想政治工作的实际效果来看,首先,要高度重视并真正将思想政治教育工作作为党的领导的重要方面,不要因为走了太远,而忘记了为什么出发。其次,党的思想政治工作的内在要求是自觉接受党的领导,因此必须教导学生充分认识和尊重党的领导地位,时刻紧紧跟随党的前进步伐。只有从政治、思想、组织等方面加强和改善党对思想政治工作的领导,实现思想政治工作与其他各项工作的有机结合,才能全面将中国特色社会主义事业继续推进,也才能创造有利条件,增强思想政治工作的有效性。

加强党的领导与党的作风建设,是增强思想政治工作有效性的重要前提。党的十五届六中全会讨论通过了《中共中央关于加强和改进党的作风建设的决定》,该决定指出:"执政党的党风,关系党的形象,关系人心向背,关系党和国家的生死存亡。"首先,改善社会环境的关键在于党的环境。党作为领导核心,其作风对社会的各种风气具有无可替代的导向性和指导性,只有党风整顿好了,社会风气才会健康发展,思想政治教育工作的社会环境和校园环境也才会向好的方向发展。另外,在与世界各国交流和合作时,我们要自觉保持清醒头脑,不断加强自我的作风建设,注重社会氛围的改善和维护,为思想政治工作的开展创造各种便利条件。其次,党向人民群众展现的一面旗帜就是党的作风。这面旗帜的光彩直接关系人民群众对党的信任程度。如果失去了人民群众的信任,那么就失去了人民群众,思想政治教育的意义便不复存在了,更不用提其工作的功能和效果了。

增强思想政治工作的有效性可以通过加强党的理论建设来实现。习近平在庆祝中国共产党成立 95 周年大会上明确提出:"指导思想是一个政党的精神旗帜。95 年来,中国共产党之所以能够完成近代以来各种政治力量不可能完成的艰巨任务,就在于始终把马克思主义这一科学理论作为自己的行动指南,并坚持在实践中不断丰富和发展马克思主义……理想因其远大而为理想,信念因其执着而为信念。我们要把理想信念教育作为思想建设的战略任务,保持全党在理想追求上的政治定力,自觉做共产主义远大理想和中国特色社会主义共同理想的坚定信仰者、忠实实践者,在全面建成小康社会、实现中华民族伟大复兴中国梦的历史进程中充分发挥先锋模范作用。"从思想理论内容上看,党确立和建设的思想理论体系,必须要在思想政治教育工作中充分展现。思想政治教育工作若要被接纳,就必须用党的理论来科学分析和把握事物的本质,以及发展的客观规律和存在的客观状态。要想加强党的理论建设,就必须坚定不移地坚持马克思列宁主义、毛泽东思想、邓小平理论、"三个代表"重要思想、科学发展观、习近平新时代中国特色社会主义思想等重要思想的指导,并且不断总结经验教训,面对新的问题,不要畏惧,灵活运用党的指导思想来分析和解决问题,用实际行动来证明指导思想的伟大、光荣和正确。"勇敢积极地同各种错误思潮做斗争,不断加大理论学习和宣传的力度,利用一切条件,充分发挥创新的马克思主义理论的战斗力和说服力,这直接关系到能否加强思想政治教育的有效性"。

第四节　强化思想政治教育的针对性

一、提高思想政治教育内容的针对性

思想政治教育的内容属于社会意识范畴，只有这种意识遵循了客观规律，做到了从实际出发，具体且有针对性地解决发展过程中的难题，才能被人认可和推崇。这就决定了思想政治教育必须符合时代发展的潮流和步伐，只有加强思想政治教育的针对性，才能构建起直通教育主客体之间的桥梁，才能增强受教育者的接受程度，才能使思想政治教育产生实际的效果。

经济的一体化和全球化使各国之间的隔绝不复存在，相互之间的关系更加密切。在国与国之间竞争和交流的过程中，各国的主流文化并存发展，相互融合又产生冲突。面对这样的形势，人们的思想逐渐开阔起来，视野更加宽广，对不同的文化都存在一种想要了解和体验的冲动，无形中又使思想政治教育面临的形势更加严峻和复杂。当前，思想政治教育工作应当在内容上从中国和世界的新形势出发，在党的指导思想的指导下不断创新，并且灵活地与社会发展和时代的要求相结合。否则，思想政治教育就会由于缺乏针对性、有效性和主动性，而不会被人民群众接受，最终丧失生命力。

在经济全球化过程中，我们要注重爱国主义教育，这样才能增强经济和社会发展过程中的精神支撑。如今，爱国主义被赋予了新的时代特征，它对增强民族向心力和文化认同感十分重要。经济全球化的实质就是世界各国为了追逐更大的自身利益，向外进行利益扩张的一种国际利益关系态势。当前，贸易文化和经济生活越来越趋向于全球化，拥有全球视野和开放态度的人才更具有竞争力，成为跨国公司的争抢对象。与此同时，中国经济的民族色彩同样要保持下去，这是涉及国家意识和民族自信心的重要问题。

我们要把自己的心态放宽，用全球视角来分析和考虑问题，互通有无，做到经验技术和资金的共享，共同规避国际风险，达到双赢。在此过程中逐步提高中国的国际地位，扩大影响力，获取发言权，将中国的传统美德展现给全世界。面对时代变革，当代思想政治教育必须根据时代的需要，主动去调整思想政治教育内容。因此，我们要坚持正确的价值观和思想体系，增强抵御能力，不断完善和发展自我；要培育勤俭节约与艰苦奋斗的意识，不要被享乐主义和

消费主义吞噬。

随着国与国之间经济交流合作日益增多，国家的整体精神风貌和文明进步程度可以由具体的国民素质展现。中共中央颁布的《公民道德实施纲要》已经充分表明，我国国民的精神文明风貌，我国公民道德的基本规范是明礼诚信、团结友善、爱国守法、敬业奉献、勤俭自强。这些规范，既继承了民族传统道德（如自强、明礼、爱国、奉献等），又吸收了西方先进道德理念（如守法），同时反映了当代社会主义市场建设的需要（如诚信），体现了世界性、民族性和时代性的有机统一。这也是思想政治教育工作的重要内容。

面对全球化的潮流，思想政治教育要不断更新和改善，为深化改革和社会发展提供精神支持。同时，我们要提高警惕，增强自我防御能力，自觉抵制西方腐朽思想的侵扰和渗透，不断拓宽教育内容，及时关注和研究人类面临的普遍问题，增强人类关怀意识和全球意识。

二、针对教育对象的需要和特点进行思想政治教育

（一）针对教育对象的需要进行思想政治教育

在社会生活中，面对纷繁复杂的情况，我们总会有各种各样的问题和需要，当有了需求，才有可能将需求转化为前进的动力，不断完善和发展自己。思想政治教育必须牢牢把握住这一实际情况，深刻分析受教育者的心理状态以及他们的特殊需要，做到因材施教、对症下药，结合多种途径和手段，不断调动受教育者的积极性和自主性，引导他们提升自己的思想政治素质以及分析问题和解决问题的能力，加强自身的修养和自我治愈能力，不断取得进步。例如，针对教育对象对我国加入世界贸易组织的认识，我们要加大宣传和传播力度，不断帮助大学生拓宽自己的思路和视野，将入世的客观利弊完整地呈现给受教育者，避免迷茫和慌张。思想政治教育要善于抓住时空条件，尤其是层出不穷的社会热点和突发事件，这样才能使大学生接受思想政治教育时不会感到空洞，从而达到最佳的效果。

（二）针对教育对象的特点和实际进行思想政治教育

一切从实际出发应该作为思想政治教育工作的原则和方针，然而就目前情况而言，思想政治教育忽略客观情况而大谈主义的情形仍然存在，其有效性一定会被这一现象影响。思想政治教育工作者的基本能力和有针对性地开展思想

政治工作的前提条件是增强对教育对象的观察和了解。思想政治工作从某种意义上讲就是做人的工作。"情况不明决心大,心中无底办法多"是大家最害怕出现的。

思想政治教育工作者要想进行思想政治教育,首先必须正确把握教育对象的特点和实际,不断总结和分析,才能有针对性地开展思想政治教育工作。只有了解教育对象,才不会出现"盲人骑瞎马,夜半临深池"的现象,才能起到实际效果。所以,教育工作者要加强调查研究,了解教育对象,运用去粗取精、去伪存真的方法对教育对象的思想进行分析,找出问题出现的原因。

信息全球化使信息的传播呈指数级增长,各种门类和性质的信息铺天盖地,极大地丰富了人们的精神世界。尤其是面对不断涌现的社会热点和突发事件,人们充满了兴趣,并有自己的观点和看法,这样的现象实属正常。在此过程中,思想政治教育工作者应该充分发挥自己的作用,注重培养受教育者分析问题和解决问题的能力。思想政治工作要想有效达到预期效果就必须符合受教育者的思想实际。这样看来,想要搭建教育主客体之间沟通的桥梁,增强思想政治教育的效果,就只有充分针对教育对象的特点和实际,做到因材施教、对症下药,跟上时代发展的步伐。

三、加强思想政治教育主客体建设

(一) 切实提高思想政治教育者的素质

思想政治教育的本质是将人的思想品德和心理素质社会化,帮助人不断适应新社会和时代发展的新情况,在我国当前国情下,就是将受教育者培养成能够满足社会发展需求的新时代青年,以适应社会主义现代化建设的需要。实践表明,人作为社会环境和教育的产物,其思想政治修养对自身的发展不可或缺,与思想政治教育不可分割。所以,思想政治教育工作者的队伍建设显得十分关键。

社会发展进入新时代,对思想政治教育者的素质也有了新的要求。全球化时代的思想政治教育者必须要有足够的经济知识、更宽广的世界观和发展观、更高水平的业务能力以及应对变化的灵活机动性。要想打造一支政治素质高、业务技术精的思想政治教育队伍就必须对其结构进行调整,加大投入力度。坚定明确的政治态度、扎实的工作能力和优秀的人格品质是思想政治教育者应该具备的,因为这些都直接影响思想政治教育的客观效果。只有时刻牢记其政治指向是以党为代表的最广大人民的根本利益,思想政治教育的有效性才有可能提高。教育者只有作风正、能力强,榜样示范的作用才能发挥出来,才能得到受教育者的尊重和认可,从而为思想政治教育工作的开展提供便利。也就是说,教育者的思辨能力和工作的方式方法,在很大程度上影响思想政治教育工作的引导力。

在全球化视角下,人们的生活方式丰富多彩,生活条件逐步改善,这对思想政治教育者的业务和素质提出了更高和更多的要求。因此,思想政治教育者应主动思考求变,遵循客观情况,不断完善和发展自己,从而完成自己的使命和任务。思想政治教育者提高思想政治教育的有效性应从以下几方面来努力。

1. 加强学习

对于思想政治教育者,必须要确立正确的政治方向,必须要把握马克思主义理论,必须要加强政治分辨能力。因此,马克思主义理论是必须要努力学习的内容。思想政治教育者要学会将马克思理论与解决新时期新形势的问题和矛盾相联系,不断证明该理论的正确性,从而增强自身解决和分析问题的能力。同时,要深入研究自己的专业能力,使自己的专业素养更加精深且更具有时代性,还要努力学习和掌握基本的科学文化知识,做好知识储备,并能够将知识灵活运用到思想政治教育工作当中去。思想政治教育者必须把握住教育对象的思想,并用科学的思想去影响他、感化他。

2. 培养自己的创新意识和创新能力

当前,思想政治教育工作与社会脱节,落后于时代步伐的问题比较突出。面对这一困境,思想政治教育者必须要做到主动求变,不断培养自己的创新意识和创新能力,不断革新工作理念,拓宽和改善思想政治教育的方式方法,特别要注重与当下热点、难点相结合,满足教育对象的需要,不断提高思想政治教育的感召力和渗透力,以达到较好的教育效果。

3. 工作作风实事求是

思想政治教育者要坚持务实的工作作风,把思想政治教育工作做成实实在在的工作,避免吹毛求疵,杜绝单一教条的教育方式,要为思想政治教育注入新的血液和活力,不断解决受教育者存在的心理问题和困惑。

(二) 提高受教育者的接受性和自律能力

1. 提高受教育者的接受性

教育者与受教育者之间形成的"双边"关系实质上是思想政治教育的过程,也就是思想交流和感情交流的过程。要想提高受教育者的接受性,实现思想政治教育的效果,就必须充分调动两者的积极性。显而易见,思想政治教育有效性的落脚点是受教育者的接受性,只有他们具有强烈的学习意愿,积极主动地学习,思想政治教育工作才有可能成功。

在全球化和信息化的背景下,思想政治教育遇到的困境是受教育者主动性的缺失以及思想政治教育的覆盖面窄和涉及程度低。面对社会腐朽思想、落后文化的负面影响,全球化的影响,网络传播方式的冲击,思想政治教育者的素质并没有得到相应的提高,工作局面也没有满足新时代的要求,这些都使教育对象的接受性降低,使思想政治教育难以产生效果。所以,我们必须从提升教育对象的接受能力的角度来寻找对策,提高思想政治教育的有效性。

教育者要想教学内容很容易地被受教育者接受,一定要提高自身素质,从受教育者的实际问题出发,不断革新思想政治教育的方式方法,最大限度地拉近主客体之间的距离,要力求"真"地选择内容,要力求"精"地选择数量,要力求"新"地选择方法。这样受教育者的心理活动规律才能与思想政治教育相符合,开放性的特点才能被体现。思想政治教育不可能一步到位,因此教育主客体之间的矛盾应当得到妥善解决。而教育者和受教育者的相互沟通是建立在心理相容的基础上的,要想做到这一点,只有拉近二者之间的距离,才能达到心理上的交流和沟通,进而达到心理相容。

除此之外,思想政治教育者要牢牢遵循思想政治教育工作的客观规律,其需要机制、内化机制、情感机制、自我意识机制等内在的心理机制的研究必须得到加强。学生自己的接受性和积极性对思想政治教育工作十分重要。一般来说,受教育者因年龄、职务、接受性、受教育程度、价值观念等方面的不同使各自的接受能力具有较大的差异。所以,教育者应当主动关注当下的热点、难点,使每个受教育者的正确合理的需要能通过教育活动得到满足。

2. 提高受教育者的自律能力

现代社会,人们对自己的人生理想和生活方式拥有更大的自主权,对道德意识也有了更高的要求,自律意识也面临着新的挑战。特别是在没有国家、地域限制，没有时间、空间要求的网络世界里，网络信息的隐蔽性和自由度，对每个体验者心理的自我约束和管控能力提出了更高的要求，因此受教育者自律能力的提高尤为重要。提高自律能力的前提是学会自我调节。

思想政治教育者通过把握不同年龄阶段的受教育者的心理状态和变化过程，培养其积极情感，克服其消极情感，保持乐观向上的心态，时刻保持与新时代的步调一致是教育对象必须做到的。思想政治教育者为他们营造健康、和谐、自由、进取的氛围，同时定期进行心理素质培训，开展"劳动、科技活动、文体活动、社会调查"等有利于教育对象身心健康的社会实践活动，才能促进良好思想品质的形成。自我调节的关键是正确认识自我，评价自我。处在成长阶段的青年人，他们有迅速发展并深入自己的内心世界的独立性和自觉性，但是他们对自己的认识还比较肤浅，需要随时对自己的错误进行纠正，慢慢地发展自我、完善自我，通过不断地认识和调节，改正自己的不足。思想政治教育者要通过一系列的活动，培养受教育者的同情心、羞耻心、自尊心、责任心。

构建思想政治教育的"自育"模式是提高大学生自律能力的有效手段。加强受教育者的自我分析、自我发展、自我治愈、自我完善能力是思想政治教育"自育"的主要内容。思想政治教育的内容和方法要从受教育者的实际需求和心理状态出发，真正把教育对象作为认识活动和道德实践活动的主体并挖掘其主体潜能，使教育对象本身蕴含的能动性、自主性等充分被调动起来。思想政治教育"自育"模式的构建是一项整体工程，理论先导要有，数据调研、方式方法、实践操作都不可或缺。自我教育要求受教育者调动自己的主动性，培养和提高自身分析和解决问题的能力，通过"以人为本"的管理模式，提高受教育者的参与程度和自我贡献度；要广开言路，从不同场所和途径接受被教育者的反馈和建议，使他们充分表达内心的感受和看法，并进行总结和整理，不断反思和改进，及时应用到下一阶段的思想政治教育工作中去。

以前，在思想政治教育工作中一般比较注重学生的外在影响作用，而学生主观能动性的发挥常常被忽视，学生的自我教育没有得到应有的重视和培养。大学是青年对自我意识培养的重要阶段，当自我意识觉醒，并被很好地运用到思想政治学习过程中去，就会大大提高学习效率。因为受教育者想要在主体意识基础上产生高度自觉、自省、自律的思维活动，就必须进行自我教育。外因是事物变化的条件，内因是事物变化的根本。在实践中，外部教育和内部教育二者缺一不可，当下更要注重内部教育。旧的教育理念必须要革新，错误的教育观念必须摒弃，要充分认识学生的地位和作用，避免出现高高在上的老旧观念。思想政治教育要想取得最佳效果，必须使受教育者能够充分发挥自我认识、自我激励和自我控制等能力，使受教育者个体的内部自觉行动替代原有的外部教育。

四、加强思想政治教育的创新

一个民族进步的灵魂是创新，思想政治教育的灵魂也是创新。高校思想政治教育工作是根据客观环境的变化所引起的思想变化而进行的，其根本目的是解决存在的矛盾，统一思想，坚定大学生建设中国特色社会主义的信心，并使其为此而不断努力。我们面对的新情况，是新的全球化形势、深化的改革开放和市场经济发展。只有把新的理念、内涵、途径和方式方法引入思想政治教育中，才能培养大学生的创新意识和创新能力，才能提高思想政治教育的针对性和感召力。

（一）思想政治教育要力争理念创新

高校思想政治教育只有不断更新观念、大胆创新，与全球化相适应，才能紧跟时代的步伐和人们的思想变化。

1. 紧跟形势，以人为本

高校思想政治教育是要培养社会主义事业的建设人才，其本质上是教育学生、引导学生。要紧紧围绕人做文章，全面提高大学生的政治思想素质，牢固树立"以人为本"的思想。实际上就是想学生之所想，急学生之所急，把师生的根本利益作为思想政治教育工作的出发点和落脚点，将学生的需求真正放在首要位置。人的思想观念形成的过程是内外因共同作用的过程，其中外因是客观环境，内因就是自己的心理状态和主观能动性，内外因和思想观念相互作用和影响。在进行思想意识的引导和培养时，高校思想政治教育切忌忽视受教育者的内在心理状态，要引导学生和切实服务学生，帮助学生形成健康积极的心理状态，从而解决实际问题。拉近教育主客体之间的关系，消除代沟和隔阂，相互尊重和理解，这样才能调动大学生的积极性，使他们的潜能爆发出来。所以，高校思想政治教育要以大学生的心理为切入点，根据他们的心理特点及心理发展和变化的规律，做好他们的思想政治教育工作，改变传统思想政治教育忽视人心理特点和规律的状况，这样才能提高高校思想政治教育的科学性和有效性。

2. 博采众长，面向全球

在全球化过程中，越来越严重的全球性问题频繁出现，高校思想政治教育只有不断充实自己的教育内涵，注重培养受教育者形成全球观念和世界意识，才能有利于国家建设。只有当大学生具备全球化的意识时，才能博采众长。

思想政治教育是所有国家解决全球问题时都会面对的。高校思想政治教育要随着时代的发展而发展，随着社会的进步而进步，不断给自己换血，不断注入新的活力，要果断摒弃老旧观点。如今经济全球化使企业走出国门，向更大规模的跨国企业发展，随之而来的就是企业的理念、人才需求上的更新。因此，要建立完善同现代企业制度相辅相成的新制度，就需要对思想政治教育工作机制进行创新，把思想教育的优势与现代企业制度所具有的市场机制结合起来。既要继承思想政治教育的优良传统，又要勇于创新，不断完善和充实思想政治教育的内容。要把国外现代优秀科学成果和先进管理经验、方法学好和吸收好，把其他行业的先进经验学好。

（二）要力争创新思想政治教育机制

管理制度是思想政治教育内容的一大方面。教育如果没有一定制度的约束，就会缺乏力度。由此可见，高校思想政治教育有效性的保证是建立和完善一系列制度和机制。有些制度已经不能满足信息化时代的新要求，已经失去了原本的活力和作用，应当及时地更新和替换，而仍然葆有生机的传统经验应当继续吸取。在思想政治教育中，我们需要用制度来保障我们支持的、提倡的行为，同样要通过制度来约束我们反对的、不提倡的行为。

高校思想政治教育工作是一项完善机制的工作，机制的创新是一个大工程，它需要大量的符合历史发展趋势的数据调研，再结合反复的社会实践，不断探索和改进，一点一滴，从无到有，形成有血有肉的一整套体系制度。高校思想政治教育的改革离不开这样一个漫长的过程。高校思想政治教育工作所要创新的机制，必须符合客观工作规律，还要满足学生的自我完善和发展的要求，建立从内到外、从上到下，各组成部分有机统一的系统制度，这才是思想政治教育工作的重中之重。这一机制要使思想政治教育工作的号召与政策一致，要为思想政治工作队伍提供有力的政策保证等，如建立有效的组织领导机制、制度保证机制、责任机制、队伍保障机制和激励机制、检查机制、信息工作机制、评价机制和反馈机制等，将思想政治教育工作落到实处，并不断完善这种机制，以此来增强思想政治教育的有效性。

（三）要力争创新思想政治教育的方式方法

思想政治教育由于新时代的到来，处在复杂多变的社会历史环境中，因此高校思想政治教育的关键时刻——转型期已经到来了。随着时代、对象、目标的变化，思想政治教育的方法和手段也在变化，我们不能无计划地硬着头皮去解决出现的大量新问题，要想取得有效成果，就要认真研究思想政治教育在新时代的特点和规律，寻找新出路、探索新办法、创造新经验，在发展中探索、在继承中创新。

高校思想政治教育工作一定要结合时代精神、社会背景，符合党中央的要求和群众实际情况，在继承传统的基础上不断探索新方法，努力将理性教育与感性教育、静态教育与动态教育、思想教育与解决实际问题、外部教育与自我教育、教育与管理等紧密结合，充分将全球化背景下思想政治教育应具有的民主平等性、动态交互性、开放性等特性展现出来。

空想是想不出有效的思想政治教育方法的，只有结合实践并不断总结研究才行。社会成员的组织形式随着全球化的发展越来越多样化，而且接受思想政治教育人群的需求不是传统的思想政治教育运作模式能满足的，这使内容传递多样化所带来的问题得不到解决。因此，与全球化时代相适应的思想政治教育的有效举措，是拓展社会化思想政治教育模式及构建新的网络化思想政治教育模式。

1. 拓展社会化教育模式

封闭式是我国传统的思想政治教育运作模式的特点，对教育对象进行思想政治教育一般是在单位内部，根据本单位的具体情况选择具体的教育方式，并没有扩展到全社会，而许多没有组织的人就这样得不到教育。有些接受过思想政治教育的不适应的情况，出现困惑，其主要原因有以下几点。

（1）传统的思想政治教育的运作模式在市场经济下不能满足人们对思想政治教育的需求，没有让许多人走进思想政治教育中，也就是说，越发突出的难题是实现思想政治教育的全员覆盖性，备受争议的是提高思想政治教育的有效性。因此，只有充分调动社会的力量，建立相关的组织，利用社会传媒的优势，走社会化教育模式，才能强有力地解决影响思想政治教育有效性的新问题。

（2）思想政治教育对象厌倦传统思想政治教育的单一、呆板，因此教育对象受到教育的全面性、深刻性不够。如今，思想政治教育对人们的创新精神和深入社会的实践能力要求越来越高,思想政治教育需要适应时代的变化,采用不同形式的社会教育方式,着重培养人们创新开拓的精神和社会实践能力。社会实践这一教育环节还需要我们特别重视用不同的社会活动作为载体,将实践落到改革开放的具体内容上,带动各个领域的广大群众。要掌握最新资料,了解社会实情,加深对思想政治教育新内容的认识,不断增强思想政治教育的针对性和有效性。

2. 创建网络化教育模式

传统的思想政治教育方式已经不能适应新时代的发展了,互联网的存在,为思想政治工作的开展提供了便利条件,也提出了更新、更高的要求。因此,在继续坚持传统的优秀做法之外,还要锐意进取,不断探索思想政治教育工作的新的内涵和方式方法。

网络建设在高校思想政治教育工作中占据了十分重要的地位,大学生们已逐渐丧失了对传统的垂直化思想政治教育运作模式的信赖。只有将垂直化思想政治教育运作模式转化为网络化思想政治教育模式,才能增强高校思想政治教育的有效性,给横向维度的思想政治教育内容增加传递的渠道,使纵向维度的思想政治教育内容传递渠道的缺陷得到弥补。具体地说:第一,加强信息的思想安全和政治安全保障。第二,拓宽思想政治教育的覆盖面积,特别是应利用网络形成自己的思想政治教育传播体系。第三,利用互联网,构建中国主流价值观和思想体系的平台。第四,加强对思想政治教育者队伍的建设,组建一支创新意识强的思想政治教育者队伍,使其成为新时期高校思想政治教育的专家队伍。总之,一定要占领网络地位的最高点,最终推动高校思想政治教育走上信息化、现代化道路。

党、人、思想是思想政治教育的关键。我们相信处于新时代的高校思想政治教育,通过对社会热点、难点的分析和把握,不断探求真理,不放松改革和创新的步伐,一定能够在党的领导下,在众多思想政治教育者的共同努力下得到进一步改进和加强,取得更大的效果,自始至终保持思想政治工作"生命线"的生机和活力。

第五章 高校思想政治教育的内容创新

思想政治教育的主要内容是社会主义主流意识形态教育,主要包括理想信念教育、爱国教育、思想道德建设和人的全面发展。高校思想政治教育的内容创新,是根据社会和时代发展的需要,根据思想政治教育发展的阶段性特点,对内容体系的某些方面、某些环节,提出更新更高的要求。

第一节 高校思想政治教育内容创新的目标与依据

任何一个国家的高等教育,特别是思想政治教育,都会对这个国家的未来产生直接的、重要的、深远的影响,决定着未来高级专门人才的思想、政治和品德素质。

一、高校思想政治教育的内容创新的目标

高校思想政治教育内容创新的目标是一个多元的综合体系。中国高校思想政治教育的内容创新,不仅是为了更好地继承和坚持马克思主义的理论方法与政治立场,更好地坚持和发展中国特色社会主义理论体系,更好地以理想信念教育为核心,培育大学生正确的世界观、人生观和价值观,更好地弘扬和培育民族精神与时代精神,更重要的是为了更好地提高大学生的道德素质和促进大学生的全面发展。

(一)更好地继承和坚持马克思主义的理论方法和政治立场

中国近现代史已经证明,马克思主义的指导地位和中国共产党的领导地位的确立都具有历史的必然性。马克思主义指导思想决定了高校思想政治教育的性质与发展方向,继承和坚持马克思主义的理论方法和政治立场,是高校思想政治教育的核心要求,也是维护社会主义文化建设的性质与方向的必然要求。

(二) 更好地坚持和发展中国特色社会主义理论体系

当前，中国特色社会主义理论在实践中不断丰富和发展，既继承和发展了中华民族的优秀传统文化，也批判地吸收和借鉴了世界各国优秀文明成果；既体现了思想道德建设上的先进性要求，又体现了广泛性要求；既坚持了社会主义先进文化的前进方向，又符合不同层次群众的思想状况；既具有广泛的适用性和包容性，又是联结各民族各阶层的精神纽带。

当代大学生的思想意识和心理活动，既有明显的差异性和特殊性，又有强烈的独立性和选择性。所以，高校思想政治教育内容需要在继承和坚持马列主义经典理论的同时，创新发展中国特色社会主义理论体系，并使中国特色社会主义理论体系进课堂、进教材、进学生头脑。高校思想政治教育内容的创新，可以让高校思想政治教育更加贴近大学生实际，更易于为大学生所接受，也能够更好地坚持和发展中国特色社会主义理论体系。

(三) 更好地以理想信念教育为核心，培育大学生正确的世界观、人生观和价值观

理想信念是人们的政治信仰在奋斗过程中的具体体现，坚定正确的理想信念是思想政治教育的核心内容。共产主义的理想和信念，是人类历史上一种崭新的理想与信念，它为人类提供了其他任何信仰均无法比拟的科学的世界观、价值观和人生观。在改革开放的实践过程中，我们要教育大学生正确认识当前出现的各类复杂的社会现象。用长远的眼光看，改革开放对中国社会所带来的影响是积极、进步的，意义是伟大而深远的。

(四) 更好地弘扬、培育民族精神和时代精神

爱祖国是社会主义道德对每个公民最基本的要求，也是每个公民对国家和社会应尽的责任和义务，应具备的品格和素养。爱国主义作为社会主义道德的基本规范，是根植于社会主义社会人们的经济关系之中的，它反映了社会主义初级阶段人们的基本道德关系和道德要求。在现阶段，人们的道德关系是多层次的，但最基本的道德关系就是正确处理好个人与祖国、与人民、与社会主义制度的关系。爱国主义是我们思想道德建设的一条"底线"，是社会主义的基本道德观。培育和弘扬中华民族的民族精神，能够在最大限度内凝聚和动员当代大学生的力量，为建设中国特色社会主义提供精神动力和智力支持。

时代精神是每一个时代特有的普遍精神实质，是一种超脱个人的共同的集

体意识。时代精神集中表现在社会主体意识形态之中,但是在社会发展过程中,并不是所有的意识形态中的各种现象都能够表现出时代精神,只有某些体现时代发展潮流的意识形态,才能够标志这个时代的精神文明,能够对社会生产发展产生积极影响,符合时代精神的具体体现。时代精神是一个时代的人们在文明创建过程中所体现出来的优良品格和精神风貌,是激励一个国家和民族奋发图强、振兴祖国的强大精神动力,更是构建精神文明建设的重要内容。所以,当前的高校思想政治教育内容创新,必须更好地弘扬和培育民族精神与时代精神。

(五) 更好地提高大学生的道德素质和促进大学生的全面发展

大学生是祖国未来的建设者,提高大学生道德素质,促进大学生全面发展,是提高民族素质的基础。大学阶段是道德素质教育的重要时期,重视倡导爱国守法、团结友善、明礼诚信、敬业奉献、勤俭自强等全社会倡导的基本道德规范教育尤为重要。针对高校大学生加大道德教育,结合社会实际,将与社会体制相适应的公民道德素质教育融入高校思想政治教育中,能够为大学生打下坚实的基础。只有在大学阶段坚持不懈地进行道德教育,将其逐步渗透到教育的各个环节,才能切实地提升大学生的道德素质,为社会输出具有坚实道德素质基础的公民。

同时,人的素质是全面而综合的,素质的范畴包括身体、心理、思想道德素质和科学文化素质,人的自由发展意味着人的主体性增强、独特性增强。自古以来,教育就是推动人类社会发展和人类个体发展的不竭动力,是实现人的全面发展的根本途径。教育的本质是通过文化促进人的发展的实践活动,也是人类社会所特有的培养和提高人的素质和能力的实践活动。教育不是仅仅使人掌握一种知识,而是要使所掌握的知识成为培养能力的手段,从而提高一个人的整体素质。正是通过教育活动,才能保证每一代人都能汲取历代人以及同代人所积累的各种知识、经验和技能,并在此基础上激发人的创造性思维。

高校思想政治教育的最终目标就是促进大学生的全面发展,培养大学生成为中国特色社会主义事业的合格建设者和可靠接班人。要实现当代大学生的全面发展,高校必须进行行之有效的思想政治教育,而且在思想政治教育的内容创新过程中,要坚持以促进当代大学生的全面发展为目标,努力发掘并且有效提高思想政治教育的实效性,以增强思想政治教育内容的吸引力和感染力。

二、高校思想政治教育内容创新的依据

（一）高校思想政治教育内容创新的理论依据

历史唯物主义的基本原理和马克思主义中国化理论体系的重要原理，是高校思想政治教育内容创新的主要理论依据。其中，马克思主义关于社会存在与社会意识的辩证关系原理，以及上层建筑与经济基础的辩证关系原理是最基本的理论依据；而马克思主义的人学理论，以及社会主义精神文明建设的原理则是直接的理论依据。

1. 社会存在与社会意识的辩证关系原理要求高校思想政治教育内容不断创新

社会存在与社会意识的关系问题是社会历史观的基本问题。社会存在是指社会生活的物质方面，即社会物质生活条件，主要是指物质资料的生产方式。社会意识是社会的精神生活现象的总称，包括各种社会意识形态和社会心理，其中政治思想和法律思想在社会意识诸形式中居于核心地位。历史唯物主义认为，社会存在是社会生活中第一性的东西，是社会意识的根源，而社会意识则是社会存在的反映和派生物。

同时，历史唯物主义在肯定社会存在决定社会意识的前提下，又承认社会意识对社会存在具有能动的反作用。社会意识既被经济基础所决定，又为特定的经济基础服务。但社会意识具有相对独立性，与经济基础的发展变化并非亦步亦趋、完全同步。同时，社会意识对社会存在起反作用时，可能会促进社会的进步，也可能会阻碍社会的发展。顺应历史发展趋势的社会意识，一旦被人民群众掌握，就能够成为人们改造现实世界的巨大物质力量，具有推动社会发展的巨大动力，反之亦然。发挥社会意识的能动性，必须通过具有目的和意识的人的社会实践活动，才能够得以实现。因此，在高校思想政治教育内容发展和创新过程中，要始终坚持不懈地用马克思主义理论和中国特色社会主义理论教育大学生，使他们树立共产主义的远大理想，坚定他们走中国特色社会主义道路的信念。

2. 上层建筑与经济基础关系原理要求高校思想政治教育内容不断创新

马克思主义认为,生产力与生产关系、经济基础和上层建筑之间的矛盾构成了社会的基本矛盾,它们之间的相互作用以及动态结合,构成了社会发展的基本动力和一般规律。生产关系和上层建筑都要随着生产力的发展而发展,经济基础决定上层建筑的产生、性质、变化和发展,上层建筑反映并服务于经济基础。同时,上层建筑对经济基础又具有强大的反作用,其会为自己的经济基础的形成和巩固服务。上层建筑能够通过多种多样的形式反作用于经济基础,而思想政治教育就是其中极为重要的形式。如前所述,通过高等院校的教育教学实践,对大学生进行有规划、有组织的教学活动,其中所蕴含的思想政治、道德法律和心理健康等,构成了中国特色的高校思想政治教育的实质性内容。

实践证明,中国共产党的思想政治教育工作不仅保障了经济发展工作,以及其他一切工作沿着社会主义建设道路的发展方向前进,而且提高了社会主义建设者的思想政治觉悟,使他们焕发出蓬勃的劳动生产积极性。同时,党的思想政治教育内容在高等教育中的推行,也为社会主义现代化建设事业培养了大批合格的社会主义事业建设的接班人。高校思想政治教育内容是高校思想政治教育的基础,要发挥高校思想政治教育的重要作用,必须重视高校思想政治教育的内容,要与时俱进地创新,使教育内容始终符合历史进步的趋势,符合中国社会经济的发展要求。

3. 社会主义精神文明建设的原理要求高校思想政治教育内容不断创新

马克思主义是关于自然界、人类社会和思维发展的普遍真理,它贯穿于社会主义精神文明的各个领域和各个方面,并极广泛地体现在社会主义精神文明的产品之中。因此,马克思主义的创立,标志着社会主义精神文明理论的形成。改革开放以来,我国将精神文明与物质文明共同作为社会现代化建设的目标,逐步提出并且不断完善了社会主义精神文明建设的理论体系以及一系列理论内容。

社会主义物质文明与社会主义精神文明之间具有紧密联系,社会主义精神文明建设需要以社会主义物质文明建设作为基础。同样,社会主义物质文明建设也需要社会主义精神文明为其提供精神动力和智力支持。思想道德建设和教育科学文化建设都属于社会主义精神文明建设的理论范畴,思想道德建设决定着精神文明建设的社会主义性质和发展方向，教育科学文化建设则是提高人民群众道德水平和思想觉悟的重要保障。思想道德建设与教育科学文化建设相互影响和渗透，其关系处理得当就可以互相促进、共同发展。社会主义精神文明建设的这些理论内容，不仅创造性地发展了马克思主义经典理论，而且成为马克思主义中国化理论体系的有机组成部分。

4. 马克思主义的人学理论指出了高校思想政治教育内容创新发展的方向

马克思主义人学理论是马克思主义哲学的核心内容和实质部分，是思想政治教育的重要理论基础和直接理论依据。马克思主义人学理论包括人的存在论、人的本质论、人的发展论等基本内容。对这些问题的科学认识，有助于我们更好地把握思想政治教育学的理论基础。对大学生思想特点的认识是我们思考问题的前提，要想把高校思想政治教育内容传输到学生的脑海里、心坎上，就必须从当代大学生的实际情况出发。马克思主义的人学理论以人为研究对象，揭示了人的生存与发展规律。高校思想政治教育内容的发展和创新的目的是促进大学生的全面发展，培养社会主义建设的"四有"新人，因此，两者在本质上是一致的。

马克思主义的人学理论指出了高校思想政治教育内容创新发展的方向，运用马克思主义人学理论，可以指导和引导高校思想政治教育内容创新与发展。在高校思想政治教育内容发展和创新中，运用人的本质理论，从当代大学生的社会属性出发，准确判断大学生的思想观念。在大学生现实的社会关系基础上，设置思想政治教育内容，结合各种社会关系的处理，引导大学生把个人价值和社会价值结合起来，在为社会作贡献中来实现个人价值。

（二）高校思想政治教育内容创新的实践依据

高校思想政治教育就其内容的存在形式来说，既是理论文本式的，也是实践经验的及时总结和概括，这就决定了高校思想政治教育内容创新富有实践性，必须坚持从实践中来，经受实践的检验，并伴随实践的发展而不断调整，通过创新来满足实践的需要。离开了丰富的社会实践，理论创新就失去了应有的现实意义。

1. 高校思想政治教育内容创新是适应新时代发展的需要

当今时代，多媒体网络高度发达，信息传播快速发展，特别是改革开放后，高校及大学生出现了一系列新变化，高校思想政治教育内容必须适应新形势，对思想政治教育的内容进行大胆探索和创新。针对出现的新问题、新情况，高校必须注重利用现代高科技手段，注重吸取教育学、社会学、心理学、行为学等相关学科的最新研究成果，注重发挥校园文化、家庭因素、社会环境在思想政治教育中的重要作用，增强思想政治教育的吸引力，达到思想政治教育的效果和目标。

在新媒体条件下，高校思想政治教育呈现如下特征：一是教育主客体（师生）关系的交互主体性特征，即教育主客体的互动模式由主客二分向主体际性转向，教育主客体的互动方式由人与人的直接互动向人与机的间接互动转向，教育主客体的互动时空向度由实时同步向实时同步与延时异步相融合转向。二是教育内容传播的技术性特征，即教育内容的传播时效由单向滞后性向多向即时性转向，教育内容的传播形式由单一媒体形态向多媒体形态转向，教育内容传播范围由相对封闭的小众向整体开放的大众转向。三是教育方法的连续统特征，即教育方法的存在原理是现实性与虚拟性的连续统，教育方法的运用思路是网上教育与网下教育的连续统，教育方法的作用机理是显性灌输与隐性渗透的连续统。因而，教育环境也呈现出耗散结构特征，即教育环境是开放的联系、非平衡的联系、非线性的联系。

面对新媒体带来的全新理念以及大学生不断多样化的价值取向，高校思想政治教育作为社会运行大系统的重要组成部分，一方面要将自身汇入以改革创新为核心的时代潮流中；另一方面必须以整体性的系统的创新实践，真正反映出时代精神的要求。高校思想政治教育只有从整体上综合体现改革创新的时代精神，才能真正提高其针对性和实效性。为此，要将高校思想政治教育看作是一个有机的整体，实现各个环节的有机结合、相互影响、相互促进、共生实效的创新体系。这个创新体系包括高校思想政治教育的环境建设创新、师资队伍创新、课程和教材创新、教学方法创新等。高校思想政治教育内容必须更新，使之更接近现实，更易被学生接纳，更富有实效性。

2. 高校思想政治教育内容创新是实现教育科学化的需要

高校思想政治教育内容在马克思主义指导下，以中国特色社会主义理论体系为核心内容，是具有稳定性和连续性的。但改革开放以来，中国社会各方面均发生着日新月异、翻天覆地的变化。现实社会实践的变化，最终决定高校思想政治教育的内容，必须要随之而发展与创新，以适应现实社会存在的发展变化，实现高校思想政治教育内容的科学化。高校思想政治教育的科学化就是在马克思主义科学理论指导下，运用科学的理念、原则和方法，实行科学的管理，不断增强思想政治教育理论研究和实际工作的科学性，从而达到正确而系统地认识和把握其本质与规律的过程。这个过程也就是不断把思想政治教育的实践经验进行理论升华，不断提高其科学含量，实现从经验型向科学型转化的过程。

高校思想政治教育科学化是思想政治教育合目的性和合规律性的统一。所谓思想政治教育的合目的性，集中体现为教育主体对思想政治教育功能作用的追求。人们从事任何思想政治教育活动，都是希望达到一定目的，离开一定的目的，它就变得毫无意义。所谓思想政治教育的合规律性，是指思想政治教育研究中所形成的范畴、理论观点，不能是对表面现象的感性概括，而应是经过严格提炼的、能准确反映出思想政治教育本质和规律的理论概括，并且这种理论概括是运用本学科独特的专业术语来表达的，达到了精确化、规范化、系统化的水平。这既是思想政治教育科学化的内在要求，也是人文社会科学建设发展的必然规律。

当前，推进高校思想政治教育科学化，要坚持以马克思主义科学理论为指导，牢牢把握思想政治教育理论与实践发展的正确方向；要大力加强高校思想政治教育学科建设，努力推进思想政治教育学科化发展进程，切实提升思想政治教育学科化水平。同时，还要加强高校思想政治教育实践创新，努力使思想政治教育体现时代性、把握规律性、富有创新性，从而实现与当代社会共同发展。

第二节　高校思想政治教育内容创新的任务与要求

从教育功能角度讲，高校思想政治教育内容创新的基本价值取向是为持续的创新教育奠定基础：一是打好创新精神的基础，二是为培养创新能力奠定基础。创新活动是创新思维的发展与归宿，是个体在实践层面，以新颖、独特、灵活的方式解决问题，因为经不起实践检验的思维是无价值的。

一、高校思想政治教育内容创新的主要任务

高校思想政治教育的主要对象是大学生，而大学生思想政治教育涉及的范围广泛，教育的内容丰富，教育的方式多样，需要研究的领域和问题较多。这

就决定了高校思想政治教育内容创新任务具有复杂性和系统性,需要根据不同的特点确立相应的任务。高校思想政治教育内容创新的主要任务:一是根据大学生思想品德形成的规律和社会发展的要求,确定高校思想政治教育创新的内容。二是根据高等教育整体规划,安排高校思想政治教育创新的内容。三是根据高校思想政治教育总体目标,设置高校思想政治教育创新的内容。四是根据中学思想政治教育内容的深化和延伸,组织高校思想政治教育的新内容。

(一)加强高校思想政治教育的学科研究

高校思想政治教育学科是思想政治教育研究成果的理论概括和总结,是思想政治教育理论的体系化。因此,高校思想政治教育的学科创新发展,直接反映着思想政治教育学科研究的动态和水平。但思想政治教育学科研究,应着重于当前重大理论与现实问题,特别是大学生在成长过程中所遇到的实际难题的研究,这既是实现思想政治教育学科价值的需要,也是深化与完善学科体系的根本途径。

在日益开放、复杂、多变的社会背景下,面对科技发展所形成的信息压力以及市场体制所形成的竞争压力,由于缺乏社会生活经验,大多大学生的世界观、人生观、价值观尚未完全形成,也不够稳定。因而,面对学业、生活、工作,往往容易产生困惑与迷惘,即疑惑不知所解,茫然不知所选,迷途不知所向。也就是在面对复杂、多变的社会因素时,在适应、取向与选择等各方面遇到困难。困惑与迷惘不是物质领域、知识领域的问题,而是大学生在思想领域的矛盾,其实质是精神需要、价值诉求与目标追求。

(二)突出高校思想政治教育的重点问题

高校思想政治教育的重点问题,是在大学生思想政治教育的实践中显现出来的,需要在思想政治教育教学中着力加强的问题。对这些重点问题的理解与把握,对于培养大学生具有高尚的思想品德、良好的心理素质、崇高的理想信念等具有重要的意义。

1. 社会层面的主导性和多样性的并存与矛盾状态

高校思想政治教育存在着社会层面的主导性和多样性的矛盾,影响着大学生的成长与发展,也影响着思想政治教育的过程与效果。"所谓社会层面的主导性与多样性,主要是指多元文化交汇背景下的中华民族文化主导,多种意识形态并存条件下的社会主义意识形态主导,多样化价值取向过程中的社会主义核心价值体系主导，多样化知识、信息影响下的人本主导"。主导性和多样性的矛盾，在现实的高校思想政治教育过程中，已经不同程度、不同形式地存在，并正在影响大学生的成长与发展，也在影响思想政治教育的过程与效果。作为社会的基础与客观条件，上述四大客观因素由于其发展与变化快速且巨大，彼此相互交织形成复杂综合的效应，极大地赋予了社会与个体的多样化发展机制。诸如市场体制的竞争机制、信息社会的选择机制、民主发展进程中的参与机制等，都极大地调动了大学生的积极性、主动性与创造性，从而为他们的个性化与多样化发展提供了极其有利的条件。

同时，也应当看到，社会的客观因素与竞争机制、选择机制的形成，虽然为社会的多样化发展提供了条件、奠定了基础，但这些客观因素与机制本身的发挥作用和发展完善，则需要一定条件的制约。即通过思想（价值取向）、政治（包括政治目标、原则与法制）、道德（规范）的作用，保证主体的多样化都能遵循一致的方向、规范发展，以维护社会的安定与秩序，推动社会与个体全面、协调和可持续发展。

在当代中国，高校思想政治教育在本质上就是运用中国特色社会主义的思想、政治、道德理论对大学生进行规范和引导。而目前的引导是在多种客观因素、多样化理论影响和多种机制作用下进行的，是对多样化的导向与规范。

在新的历史条件下，所谓主导性思想政治教育形态，就是社会民主化和个体特色化发展中的核心价值主导。在对象上，主导性思想政治教育就是对社会多样化以及多样性思想政治教育的概括与超越，没有对多样性的抽象就没有主导性；在功能上，主导性思想政治教育就是形成共同理想，没有对多样性取向的规范就不可能有共同目标；在性质上，主导性思想政治教育就是维护社会主义意识形态的安全，没有对多样化文化的合理选择、吸纳、鉴别和批判，就不能发挥社会主义意识形态的主导作用。

2. 个体层面的个性化与社会化的并存和矛盾状态

个性化是指个人获得个性、形成个性的过程，是人逐步形成作为自己独特品质的心理和行为的过程。现实的个人是拥有个性，即主体性和独特性的个人，是个性化的存在。这种个性是在个性化的过程中逐渐获得的，失去了这种个性，人的存在就失去了现实性。所谓个体层面的个性化与社会化，是指大学生在市场体制条件下，拥有自主权和民主发展条件下拥有自由性，能够独立、自主和创造性地发展自己的主体性与个性特点；与此同时，还必须要融入社会的政治、经济、文化与道德生活，接受社会政治、法制与道德规范的约束。

应当看到，社会的客观条件，既赋予了个体个性化发展机制，同时也提出了社会化发展的新要求。市场体制、社会民主、信息条件赋予学生自主权与自由性，但有些学生往往只局限于自身范围，珍惜自身的自主权与自由性，难以兼顾全局而忽视制约自主权和自由性的政治、法制与道德规范。也就是说，拥有自主权、自由性的学生往往难以自发社会化，需要学校通过教育和管理推进学生个体社会化。学生个体社会化的实质是促进学生接受并融入社会的发展目标与规范，进而认可社会的发展目标与规范；而高校思想政治教育的本质则是通过思想、政治、道德的规范、目标、要求来推进学生的社会化。部分高校学生在自身学习与生活、与人交往以及就业择业等实际活动中，主体性显示比较充分，但对思想、政治和道德的价值性认识却缺乏，即对社会化的发展取向有所忽视，因而，在思想、政治和道德观念的形成与掌握上欠缺主体性。

高校思想政治教育的根本目的是提高高校学生的思想道德素质，促进高校学生的全面发展。其中，个性发展是核心。因此，高校思想政治教育要重视对大学生个性的引导和完善，实现个性的优化与发展，不断开发教育对象积极的主体性。

（三）抓好高校思想政治教育的德育工作

高校思想政治教育的根本任务，在于帮助大学生完成其对人生意义的求索和生存质量的提升，构建与大学生生活紧密结合的、生活化的德育格局，是高校思想政治教育的真谛。人类的生活和动物的生存最大的区别在于，人不仅仅是生活在一个物理世界中，还需要生活在一个意义世界里。人们通过自主活动来构建自我，在这个过程中不断地完善自我的内心生活，并加强与外界各方的联系，完成其作为"人"的意义。因而意义世界的建构对维持个体与社会的生命存在具有至关重要的价值。

二、高校思想政治教育内容创新的基本要求

高校思想政治教育内容具有针对性、稳定性、灵活性、层次性和连续性的特点。高校思想政治教育的内容创新，必须针对大学生在现实生活中遇到的热点和难点问题，从解决学生的实际问题着手。

（一）世界观教育

世界观是人们对世界的总体看法和根本观点。世界观一旦形成，就会对人

的实践活动产生巨大影响。它决定着人们观察问题、分析问题、处理问题、立身处世的基本态度，也决定着人们的人生观、政治观、道德观、法制观等。马克思主义世界观是科学的世界观，它揭示了自然界、人类社会和人类思维发展的普遍规律，在实践的基础上达到了革命性与科学性的高度统一，是我们认识世界和改造世界的强大思想武器。因此，对于任何社会历史条件下的思想政治教育来说，世界观教育都是最根本的内容，是其他教育内容的奠基石。而在全球化大趋势的背景下，世界观教育更加重要。

大学生世界观教育是引导大学生健康成长、顺利成才的根本保障，是加强和改进高校思想政治教育的主要内容。大学生世界观教育的效果，直接关系到高等教育的人才培养质量，关系到社会主义人才培养目标的实现。因此，高校必须努力构建一个科学的、实效的大学生世界观教育的长效机制。为构建大学生世界观教育长效机制，高校思想政治教育工作部门要不断创新理念，提供思想保障；加强教师队伍建设，提供组织保障；通过科学管理，提供制度保障；加大经费投入，提供条件保障。

（二）人生观教育

人生观是指人们对人生的根本态度和看法，包括对人生价值、人生目的和人生意义的基本看法与态度，是世界观的重要组成部分。培养大学生健康的、科学的人生观，是高校思想政治教育一直非常关注的重要问题之一。人生观是人类所处的历史条件以及社会关系的产物，是来源于现实基础的。大学生朝气蓬勃，思维敏捷，勇于创新，积极进取，身心发展都处在"活跃—动荡—变化—成型—基本定型"这样一个过程之中。大学时代学生处于人生的关键时期，建立和形成什么样的人生观，对其个人和社会都是至关重要的。为此，高校应加强和改进思想政治教育工作，把人生观教育作为教育的重点和突破口，在深化大学生人生观教育的工作实践中，不断探索和拓展有效途径，以解决大学生思想状况中存在的问题。

作为高校思想政治教育工作者，应该着重于加强"以人为本、关爱生命"的人生观教育内容，着力于引导大学生认识生命的价值，尊重自己和他人的生命，努力提升自身生命的内涵和价值。首先，要改进人生观教育的内容，树立从生命的角度和高度来理解学生的本质，将学生视为不断走向个体完善的独特生命存在的学生本质观；树立立足学生发展的终身性，为学生的发展奠基，增强学生发展的自主性，激发学生的创造潜能，实现学生发展的个性化，促进每一位学生发展的学生发展观；强调学生生命主体的能动性，将学生视为社会活动的实践者、平等交流的对话者的学生角色观。其次，要改进人生观教育的形式，使人生观教育充满时代内容和强大的生命力。通过开设相关课程，并在其他课程中加强渗透与开展课外活动，让大学生学会珍惜生命、丰富生命、升华生命。

（三）政治观教育

政治观是指人们从价值判断、价值倾向、价值选择角度，对国家政治、法律思想、国家结构、政治制度、国家路线方针政策等政治方面的价值观点。政治价值观规定着人们的政治思想、政治方向、政治素质，左右着人们的政治观点和政治立场。政治价值观教育凸显了高校思想政治教育的导向性，是实现大学生思想政治教育工具价值的主要内容。高校历来是各种不同的理论学术观点与思想观点交汇、融合、斗争的阵地，在世界风云变幻的形势下，高校能否坚持社会主义方向，能否塑造政治素质合格的人才，关系到中国社会未来发展的命运。

政治观教育总是在一定的社会环境中进行的，既受环境的影响，也对环境产生一定作用。我们在看到环境对人们政治思想作用强化的同时，也要看到人们改造环境的作用也在强化。大学生政治观教育必须与不断变化的时代主题相适应，与不断变化的社会环境相适应，与鲜活生动的教育对象——当代大学生的思想实际相适应。主导性的政治观念，只有在社会生活实践中为各种环境因素所强化，才能被大学生真正接受并内化为个体的政治品德，成为他们政治行为的指南。

（四）生活观教育

生活观是人对生活的基本看法和态度，其本质上是人生观问题，又是价值观的外部表现形式。一种全新的生活观，是依托于一种有价值的人生观的。对大学生进行生活观教育的主要目的是，通过教育来培养大学生形成良好的生活观，培养积极向上的生活态度，实现大学生的全面发展。大学生是国家的栋梁，是祖国的希望，因此对大学生进行生活观教育是极有必要的。这不仅可以帮助大学生学习专业知识，还可以帮助他们掌握生活方面的知识和技能，从而全面提高自身的素质，为以后进入社会打下坚实的基础。

当前对大学生进行生活观教育，其中一个重要目的是让大学生对生活观教育在大学时期的地位有一个明确的认识，为大学生提供科学、健康的观念、技能和方法。高校思想政治教育应对大学生生活观教育中存在的问题进行深入的分析，掌握大学生生活教育的发展趋势，对教育方法不断进行创新。在对大学生进行生活观教育的同时，要为大学生提供更加优质的教育，从而实现大学生的全面与健康发展。

（五）道德观教育

道德观是人们对自身、他人和世界所处关系的系统认识和看法，属于社会伦理的范畴。高校思想政治教育对大学生道德观教育影响重大，加强大学生道德观教育，并结合思想政治教育方法进行教育和引导，让其树立马克思主义的科学道德观，是摆在当前高校教育者和全社会面前的一个重大课题。对高校学生而言，优良的道德品质的形成是一个漫长的过程，是经过长期的教育、社会实践经验的积累以及个人自觉锻炼和修养而逐步形成的。面对当前高校学生道德观的变化和发展，我们既要以历史的眼光正确对待，也要客观地分析，从中发现问题，找出对策，改进和加强高校思想政治教育工作。

（六）创造观教育

所谓创造观，就是人们对于创造的价值、能力和方法的根本性看法和态度。创造的价值是无与伦比的，它是人类社会进步与繁荣的本源，是一个民族生生不息的活力，是一个民族文化中的精髓。人类的历史就是一部发明史和创造史，创造力关系到一个民族和国家的兴衰存亡。社会主义现代化建设事业是一个空前规模的伟大创举，只有培养起全民族的创造力，才可能取得成功。高校进行创造观教育，主要应进行进取性精神教育、创造性思维教育和创造性技能教育。传统的思想政治教育思维往往把思想政治教育等同于理想教育，思想政治教育内容通常具有高度的政治理想性。

所谓进取性精神，是指一个人在人格成长过程中，所具备的主动进取精神、不屈不挠的精神以及与他人建立稳定的人际关系的能力。如果一个大学生缺少了进取性精神，也就没有了理想和抱负，他就会变得碌碌无为、不思进取，空有知识和技能，也不能有所发明和创造，所以这种进取性精神教育在高校思想政治教育中就显得至关重要。所谓创造性思维，是一种具有开创性的探索未知事物的高级复杂的思维活动，即以感知、记忆、思考、联想、理解等能力为基础，以综合性、探索性和求新性为特征的高级心理活动。加强大学生的创造性思维教育，有利于大学生正确运用辩证思维的方法，把握事物的本质和发展规律，综合运用各种科学思维方法面对新情况、解决新问题。所谓创造性技能，是指为了适应市场发展需要、增强市场就业竞争力而进行的一种创造性的技术能力。现代科技迅速发展、社会信息化方兴未艾，高校思想政治教育必须紧跟社会发展形势，把创造性技能教育纳入社会发展和人的发展的轨道上来。

（七）心理健康教育

心理健康是指精神、活动正常，心理素质好，突出表现在社交、生产、生活上，能与其他人保持较好的沟通或配合。一个人要想全面发展，心理健康是必须具备的条件和基础。作为未来社会的建设主力军，大学生的是否拥有健康的心理状况，不仅影响着其自身的学习与健康成才，而且在很大程度上决定着未来社会的发展状况与走向，可以说，大学生的心理健康与否对整个社会的安稳都至关重要。因此，心理健康教育是思想政治教育的重要组成部分，是培养跨世纪高质量人才的重要环节，对促进大学生的身心全面发展和素质全面提高具有重大意义。

高校心理健康教育的主要内容，就是对大学生进行心理健康教育和指导，使受教育者形成良好的个性、健全的人格、健康的情感、乐观的心态。加强大学生心理健康素质的培养，丰富大学生心理教育的形式，改善培养、教育的条件和环境，特别是培养大学生坚强的意志，增强他们在激烈的竞争中，勇于进取、不怕挫折、自强自立、艰苦创业的意志和能力，是高校思想政治教育的当务之急。

第三节　高校思想政治教育内容创新的策略

高校思想政治教育的内容创新，既要遵循大学生成长发展的规律，又要在方法和手段上下真工夫，更要在创新过程中科学把握其历史经验与现实要求、内在动因与外部表征、趋势变化与规律遵循，通过方法路径的不断创新，不断增强高校思想政治教育的针对性和实效性，切实推动高校思想政治教育的科学化进程，落实立德树人的教育根本任务，把思想政治教育贯穿到教育教学的全过程，实现全程育人、全方位育人，努力开创我国高等教育事业发展的新局面。

一、优化高校思想政治教育内容的课程体系

优化课程体系是实施创新教育的根本,课程是教育改革的实质和核心环节。在知识经济社会,我们面对的是瞬息万变的知识创新局面,以学科为中心的传统课程模式所形成的知识结构、智能结构,已无法适应知识经济社会对人才的需要。高校思想政治教育内容体系的创新,是思想政治教育工作改革的重点所在,也是转变观念的主要落实之处,应根据国际形势和时代潮流的发展变化,不断调整课程体系,补充最新颖的内容。

(一)转变高校思想政治教育的观念

随着人类社会和经济的迅速发展变化,对高校思想政治教育也提出了新的要求。高校思想政治教育应转变观念,开拓新领域、增添新内容,加强人文素质教育,树立全新的教育观和人才观。这就需要把以传授知识为主的传统教育观,转变成人文精神、科学素养和创造能力协同培养的新型教育观;把培养精英人才的教育观,转变成培养"专通结合"人才的教育观;把片面的智力教育观,转变成培养综合素质的教育观;把继承性和传播性教育观,转变成内在价值观与外在价值观协同作用的教育观;把唯物质的教育观,转变为可持续发展的教育观;将单纯的经济、政治的教育观,转变成以经济、科技和人力资源为基础的综合国力的教育观;把以学科为中心的教学模式,转变为以学生为中心的教学模式。学生要成为知识的主人而不是容器,只要这样,他们才能创造性地应用知识,进而对知识进行创新。也只有具备了丰富的知识、认同的文化,才能把使命升华为坚定的信念、强烈的感情和高尚的情操。

(二)高校思想政治教育内容的创新

思想政治教育必须与时俱进,积极适应时代和社会的变化,实现全面创新,既包括思想政治教育观念的创新,也包括内容、方法和机制的创新。思想政治教育观念的创新,是思想政治教育工作创新的前提,只有思想政治教育观念创新了,思想政治教育的内容、方法、机制等才能真正创新,才能发现和开辟思想政治工作的新天地。

我们强调高校思想政治教育内容的创新,必须做到以下几点:第一,始终站在理论和实践的前沿,更新思想政治教育观念,进一步强化服务学生的意识,这是实现高校思想政治教育观念创新的最重要、最核心、最根本的观念。

第二，确立符合时代要求的新观念，这是实现高校思想政治教育观念创新的现实需要。第三，坚持以人为本，促进人的全面发展，这充分体现了高校思想政治教育的价值定位和角色定位的新变化。

（三）优化高校思想政治教育的课程建设

在进行高校思想政治教育的内容设计与选择时，必须确立这种教育内容体系应该如何创新。只有理顺了思路，才能真正有针对性地确定教育内容。分析当前高校思想政治教育课程设计的情况，主张以学科为中心的课程设计观念，没有考虑到大学生是受教育的主体，而忽视了大学生作为主体的作用；主张以活动为中心的课程设计观念，主要目标指向大学生的实际操作技能，强调解决大学生的实际问题，却没有考虑到对大学生进行思想政治教育的价值所在。

因此，高校思想政治教育的课程设计，应该考虑大学生的思想需求与兴趣，把科学的知识结构和理论体系结合起来，把理论与实践有机地结合起来，从而构成高校思想政治课程的内容。通过优化课程设计，激发大学生的新奇感，启发大学生的思路，鼓励大学生大胆探索、大胆设想，放手让大学生在实践中依靠自己的力量，通过自我锻炼，增强自豪感和自信心，加强自我发展意识，努力把自己培养成全面发展的合格人才。

二、强化社会主义核心价值观教育

社会主义核心价值观与社会主义核心价值体系是两个既有内在联系，又彼此区别的命题。社会主义核心价值体系指的是社会主义意识形态中那些反映社会主义经济、政治和文化制度要求、体现社会主义发展趋势的核心思想意识、价值观念的总和，而社会主义核心价值观则是对社会主义核心价值体系核心内容和精神实质的高度凝练及抽象概括，体现社会主义核心价值体系的根本性质和基本特征，反映社会主义核心价值体系的丰富内涵和实践要求。从根本上来说，社会主义核心价值观与社会主义核心价值体系在本质上是一致的、统一的，它们都体现了社会主义的核心价值追求，是建设中国特色社会主义不可或缺的重要组成部分。

（一）加强大学生社会主义核心价值观教育，正确认识核心价值观教育的实践意义

大学生群体的价值观深受社会变革的影响。大部分学生虽然在观念上认同

社会主义核心价值观,但是在具体的行动或实际的问题中却又难以践行,产生了价值认知与价值行为之间存在着分离的现象。因此,在高校思想政治教育中,强化社会主义核心价值体系建设,具有长远的现实意义和历史意义。

(二)在隐性教学实践活动中,加强大学生社会主义核心价值观教育

把社会主义核心价值观融入高等教育,应充分认识思想政治理论课的主导地位,充分发挥思想政治理论课的引领作用,充分提升思想政治理论课的课堂控制力,充分发挥思想政治理论课教师的主导作用,全面提升思想政治理论课在高校社会主义核心价值观教育中的主导性。

(三)立足中华优秀传统文化,培育和弘扬社会主义核心价值观

中华优秀传统文化蕴含着丰富的思想道德资源,是涵养社会主义核心价值观的重要源泉。中华优秀传统文化和社会主义核心价值观具有内在的、历史的联系。一方面,中华优秀传统文化是社会主义核心价值观的重要根源,社会主义核心价值观的产生、形成和完善,是这些优秀传统文化内容自然的、历史的延续和发展;另一方面,社会主义核心价值观与中华优秀传统文化基本价值相对接,充满与中华优秀传统文化相同的民族精神。离开中华优秀传统文化的支撑,社会主义核心价值观将成为无源之水、无本之木。继承和弘扬中华优秀传统文化,要与培育和践行社会主义核心价值观紧密结合。

(四)遵循大学生身心发展规律,把核心价值观教育渗透到教育的全过程

实践证明,成功的价值观教育不仅是满足社会的需求,更是个人发展的要求。因此,要把社会主义核心价值观的教育过程与学生的成长和发展结合在一起,把核心价值观教育变为学生自身发展的需求。因为价值观的主体是个体的人,每个人在不同的年龄阶段,身心发展都有一定的规律性,并且有着不同的需求,只有贴近现实生活的教育形式,才能更好地解决大学生的实际需求,促进大学生的全面发展。

(五)拓宽核心价值观教育的实施途径,开展核心价值观教育的多样化活动

在对大学生进行社会主义核心价值观教育时,要采取灵活多样的教育方

式。思想政治理论课是大学生核心价值观教育的主渠道，但不是唯一的教育途径，要充分开发和利用多种教育途径，调动学校一切有利资源开展核心价值观教育。

社会实践对大学生社会主义核心价值观教育具有重要的作用。一是，社会实践对大学生认知社会主义核心价值观具有转化作用。二是，社会实践对大学生认同社会主义核心价值观具有强化作用，能够增强实践体验、澄清理论是非，提升社会主义核心价值观教育的说服力。三是，社会实践对大学生践行社会主义核心价值观具有承载作用，能够提升社会主义核心价值观的个体化和整合力。四是，社会实践对大学生弘扬社会主义核心价值观具有辐射作用，是大学生模范践行社会主义核心价值观、增强其影响力的重要平台。

三、加强中华优秀传统文化教育

中华优秀传统文化博大精深，既是中华民族在世界文化激荡中站稳脚跟的根基，也是最突出的民族优势和最深厚的文化软实力；既是马克思主义中国化不可或缺的思想来源，也是马克思主义中国化不断深化的思想支撑。

深入推进传统文化的理论研究和宣传普及，是时代赋予广大高校思想政治理论教育工作者的光荣使命。开展中华优秀传统文化教育有三个层面的主要内容：一是以天下兴亡、匹夫有责为重点的家国情怀教育。二是以仁爱共济、立己达人为重点的社会关爱教育。三是以正心笃志、崇德弘毅为重点的人格修养教育。

我们要认真汲取中华优秀传统文化的思想精华和道德精髓，大力弘扬以爱国主义为核心的民族精神和以改革创新为核心的时代精神，深入挖掘和阐发中华优秀传统文化中讲仁爱、重民本、守诚信、崇正义、尚和合、求大同等理念的时代价值，使中华优秀传统文化成为涵养社会主义核心价值观的重要源泉。同时，要处理好继承和创造性发展的关系，重点做好创造性转化和创新性发展，深入发掘中华优秀传统资源的当代价值。高校作为人才培养的摇篮，要加强对传统文化教育意义的认识，充分体会传统文化教育对于培养大学生的民族精神、人文精神，以及帮助大学生形成正确的人生观、价值观和世界观，塑造健康人格等方面的重要作用。

(一) 建立传统文化教育的通识课程，构建传统文化教育的课程体系

高校开设传统文化教育通识课程，一方面，要立足各院校的实际情况，将传统文化教育作为学生的必修或选修课程，列入教学大纲，纳入学校课程体系；另一方面，在其他基础课中，可以有选择地增加有关中国传统文化的教学内容，为大学生能够系统地学习传统文化知识提供必要的平台，使得学生能够系统了解中国传统文化历史，从而有利于他们接受传统文化熏陶，习得传统美德智慧。目前，一些高校已经开设了以"博雅课程"命名的传统文化教育通识课程，并将相关课程纳入学校的课程建设体系，采取立项方式进行重点打造，并给予充分的经费支持，鼓励高水平教师和学科带头人申报建设，使得这些学校兴起了"博雅艺术"之风。

构建传统文化教育的教学课程体系，还包括在高校思想政治理论课教学中融入传统文化教育内容。如果在思想政治理论课中恰当地穿插、引用传统文化知识，不仅能使教学内容生动翔实、深入浅出，而且能够吸引大学生的关注，更容易为他们所接受，从而使得思想政治理论教育工作更能收到实效，同时也使得传统文化教育工作真正落到了实处。

(二) 创设良好的校园文化环境，打造传统文化教育的优良载体

营建良好的校园文化环境，就是在高校校园内呈现传统文化的精髓与意蕴，要从校园物质文化建设和精神文化建设两个方面着手。相对于校园精神层面的文化来说，校园物质文化发挥着基础性作用，是校园物质创造的形式和成果的总和，决定校园文化建设的内容和形式，也关系到校园文化建设的未来和走向。在许多办学历史悠久的高等院校校园，能够看到保存较为完好的古代园林建筑，亭台轩榭、雕台镂窗、墨迹遗画，都是一笔极其珍贵的传统文化教育资源，让大学生在无形之中受到了良好的熏陶。即使是建校时间不长的一些高等院校，也可以在校园建设过程中多加留意，道口路边的名人名言、古朴雅净的书画长廊、庄重肃穆的圣人雕像，这些都可以转化成传统文化教育资源。

在校园精神文化建设方面，通过学校团委、学工处等具体部门的引导，适当组织一些传统文化纪念、推广活动，创设良好的传统文化情境，营造良好的传统文化宣传氛围，以此去感染、启迪、陶冶和塑造学生。比如，许多高等院校利用清明节、端午节、中秋节等传统文化节日，组织一系列生动活泼、参与广泛的传统民俗文化宣传活动，在校园内掀起浓浓的民俗情怀，让一些热衷于

过"洋节日"、与传统节日隔膜较深的大学生受到良好的教育，真正领略到中国传统节日文化的魅力，增强民族自豪感和认同感，在潜移默化中提升民族精神和人文精神。

（三）提升师资队伍素养，挖掘传统文化教育的人文内涵

在高校现有的传统文化教育模式中，任课教师大多从中文、历史等学科的现任教师中抽选。他们大多有自己的专业课程教学任务，再承担传统文化教育课程，往往会觉得力不从心，很难投入足够的精力，从而影响到课程教学质量的提高。这就要求学校在这方面应该加大投入，争取建立一支专职传统文化教师队伍，即使是选任相关学科教师，也应合理分配他们的教学任务，以便使他们有足够的时间来备课。同时，要认真做好传统文化教学队伍的建设工作，有条件的应开展对师资队伍的培训工作，通过派出学习、资助课题、组织交流研讨活动等形式，打造一支知识深厚、业务熟练、勤于钻研、敢于出新的教师队伍。

学校要加强对师资队伍的检查、督导工作，并定期进行考核，以便使得传统文化教学工作走上正轨，并保持可持续发展的良好态势。在具体的课程教学业务指导方面，应引导教师队伍探索出一套针对性强、切实可行的教学方法。在此基础上，教师再引导学生理解传统文化中蕴含的深刻含义，令其真正体会到传统文化的精髓，从而在潜移默化中受到良好的教育、促进道德的提升。

（四）运用现代网络技术和手段，实施传统文化教育的教学改革

当代大学生对新鲜事物有着明显的求知欲，传统文化教育模式必然会使学生感到兴趣索然。从根本上改变原来的传统文化教育模式，不断探索传统文化教育的新路径，对传统文化教育的教学方式改革显得十分必要。传统文化并不是通过灌输就能被学生接受并喜爱的，而是应该以各种各样灵活的方式深入并渗透到学生们心中，让他们在不知不觉中认识、接受并喜爱它。针对大学生的不同兴趣和个人喜好，把网络信息技术引入到传统文化教育的课堂中，会起到意想不到的效果。

为了进一步加强传统文化教育，需要加强校园网络建设，重点打造一批有广泛影响的传统文化特色网站，支持和鼓励校园网站开设传统文化教育专栏，依托高校网络文化示范中心、大学生网络文化工作室等，拓宽适合大学生学习特点的线上教育平台。

中华优秀传统文化的最大价值以及核心内容，就在于有着丰厚的伦理道德

资源，可以提升人文素养。中华传统美德是中华优秀传统文化的精髓，蕴含着丰富的思想道德资源，对这些价值理念，要坚持古为今用、推陈出新，有扬弃地予以继承和弘扬。当人类社会最初走进以经济为主的社会形态的时候，精神方面的缺失造成的社会影响并不显著。但是随着社会物质生活越来越富裕，这方面的影响也就越来越明显。高校作为人才培养的摇篮，在经济全球化时代，面对大学生在传统与现代、东方与西方之间的彷徨与困惑，应担当起传承和弘扬优秀传统文化的使命，努力用中华民族创造的一切精神财富"以文化人、以文育人"。

第六章 高校思想政治教育的方法创新

第一节 高校思想政治教育的方法

要做好高校思想政治教育工作,不仅要遵循客观规律、遵循正确的方针和原则,深谙教育教学原理,还必须掌握和运用科学的方法。凡事如果方法不当,就可能事倍功半;而如果方法得当,就会事半功倍。高校思想政治教育方法是多种多样的,并随着实践的发展而不断丰富发展。把握和运用好高校思想政治教育的方法,是对高校思想政治教育工作者的基本要求之一。

高校思想政治教育工作者在思想政治教育工作中,为完成一定教育任务,对高校学生所采用的一切方式、办法或手段的总和,即为高校思想政治教育的方法。常用的高校思想政治教育的方法主要有情感教育法、说理教育法、个性教育法、典型示范法、行为规范养成法等。

一、情感教育法

高校思想政治教育的情感教育法,是指在思想政治教育过程中,教育者依据一定的教育要求,借助相应的教育手段,激发、调动和满足受教育者的情感需要与认知需要,促使受教育者产生积极的情感体验,并建立教育者和受教育者之间的良性情感互动,提高教育实效性的一种方法。情感教育法是以情感行为作为中介的一种教育手段,也是易于广泛实施、易于为人接受、易于取得良好教育效果、易于彰显思想政治教育工作艺术的一种教育方法。

在高校思想政治教育过程中,有少数教师忽视了学生的人格与尊严,缺乏情感的投入。他们往往因袭传统的教育观念和教育方式,采用"我讲你听,我说你服"的老办法。尤其是当大学生提出一些现实生活中的敏感问题,或某些与"正统"要求不相吻合的问题时,部分教师斥责多于宽容和理解,批评多于分析和思考,禁止多于疏导与开启,缺乏耐心,无法做到认真地分析与有效地说服，这就导致教师与学生在感情上对立、心理上隔离，教育的效果之差可想而知。所以，高校思想政治教育工作者务必注重情感的投入、心灵的沟通，做学生的好老师、好朋友。

二、说理教育法

说理教育法一直是中国道德教育领域中的重要方法，也是高校思想政治教育中最基本、最常用的具体方法之一，是教育者通过语言来表达和阐释相关思想、理论、观点，以期对教育对象实施影响与教育的方法和艺术。说理教育法在本质上表现为教育者与教育对象通过对话、交流达到互相沟通、理解，并进而促进其发展和成长的过程。这种方法注重通过对理论的阐释和讲解，通过对教育对象的正面教育和理性引导，帮助教育对象树立科学的世界观和良好的道德品质，实现教育的终极目标。

要做到以理服人，应注意以下两点。

第一，要因人施教，提高思想政治教育的效果。由于每个人的身心成熟程度不同，教育的方式方法也应不同，说理的层次也有所区别。对大学生来说，在中小学阶段，已经普遍接受过行为规范教育、思想品德教育和法制教育，初步具备了分辨好坏、善恶、是非的标准，初步了解了马克思主义的基本原理、原则和方法。到了大学阶段，应在原有的基础上进一步结合实际情况，将马克思主义基本原理、基本方法讲清讲透，提高大学生的思想政治觉悟和理论水平。

第二，要用事实和道理说服人。说理不同于说教的强制与压服，说理是一种理性、民主的讲道理的方式，是以一种平等的关系打开人的心扉的钥匙，只有说理透彻，才能把道理讲清楚，让人心悦诚服。例如，给大学生讲授社会主义本质时，不仅要让学生了解社会主义是什么，更要让学生知道为什么。只有把这些道理分析透彻了，学生才能深刻地把握社会主义的本质。

三、个性教育法

个性教育法是一种以培养学生的兴趣和爱好，促使他们的个性得以充分发挥，形成自己独特的风格的方法。它强调活动的多样性和参与的自发性，使学生的主观能动性和潜力得到充分运用。大学生由于家庭背景不同，接触的社会环境不同，个性心理特征不同，因而形成的矛盾或思想问题也不同。对大学生进行思想政治教育，要做到有针对性和实效性，就必须把握大学生思想品德的个性特征，对症下药，依据每个人的个性特征，开展思想政治教育工作。

对大学生开展个性教育，应当着重把握以下三点。

第一，摸清问题，找准矛盾。只有摸清了思想脉络，才能有的放矢、因人施教。除了个别谈心之外，还要引导他们阅读资料、书籍或进行社会调查，提高他们发现问题、解决问题的能力，达到教育学生转变思想的目的。

第二，掌握"性格"。人的性格是个性的核心，是一个人处事待物的基本心理特征，由于性格不同，对相同问题的认识和态度往往会有所不同。比如，对待他人，有的人性情坦率，富于同情心；有的人则思想隐蔽，待人冷漠。对待自己，有的人自尊自重，谦虚谨慎；有的人则自高自大，盛气凌人。所以，掌握人的性格，对于有效地开展思想政治教育工作特别重要。

第三，了解"气质"。在现实生活中，由于人的气质不同，待人接物的态度和表现形式就会有很大区别。例如，有的人脾气暴躁，容易冲动，粗鲁任性，往往把好事办坏；有的人兴趣广泛，认识敏捷，易于接受新事物；有的人沉默寡言，多愁善感，观察问题细致、敏感、多疑，但其意志比较脆弱，不耐挫折。因此，对待不同气质的人，要采取不同的思想政治教育工作方法，方能取得理想的教育效果。

四、典型示范法

典型示范法是指心中有全局、手中有典型，抓典型、树榜样，发挥先进典型的示范作用，这是高校思想政治教育工作的传统方法和基本经验。先进典型包括集体和个人，他们代表先进生产力的发展方向、先进文化的前进方向、社会精神文明发展的高度，体现出鲜明的时代精神和风貌，由于引领社会发展潮流而凸显出独特的价值。

抓典型、树形象，应注意做好以下几个方面的工作。

第一，要善于发现典型，实事求是地宣传典型。先进人物的先进事迹、先进思想、模范行为，是他们在生产、工作、学习和生活中产生的。只有深入实际、深入群众，才能发现典型、树立典型。典型树立起来之后，就要实事求是地宣传典型，以先进典型来影响和带动群众。在宣传上，一定要坚持原则，力戒浮夸，不讲过头话，先进典型也不是十全十美的，因此也不能护短。

第二，要教育人们正确地对待典型。先进典型树立起来之后，就要教育群众虚心向先进人物学习，逐步形成一个支持先进、尊重先进、争当先进、赶超先进的好风气。学习典型人物，学习先进集体，主要是学习他们高尚的精神、崇高的品质，以激励自己的进步，而不只是简单地模仿，搞形式主义。

第三，除了学习社会上的先进典型之外，还要在各级各类学校树立自己的先进典型，如先进教育工作者、模范教师、先进班集体、优秀大学生等，这些典型教育针对性强，对大学生具有很好的教育效果。因为这些先进典型就在他们身边，先进典型的言论与行动，他们听得着、看得见，对他们更具吸引力、更有实效性。

五、行为规范养成法

高校思想政治教育的实践证明，思想政治教育不能仅仅停留在口头上，必须落实在行动中，既要重视思想认识上的教育，又要重视行为规范的养成。大学生的好思想、好品德、好习惯，不是依靠单纯的"说教"、简单的"灌输"或自上而下的行政命令就能形成的。还必须在日常生活、学习和社会活动、交往过程中，用人们共同遵守的基本行为规范和社会公德、职业道德、家庭美德来启迪与引导，使大学生中不文明的习惯转化为文明习惯，使非道德行为转化为道德行为，从而提高大学生的思想、政治、道德素质。

行为规范养成教育的内容与形式是多种多样的，如倡导校园文明、班组文明、宿舍文明的养成教育，这种教育包括引导大学生自觉地遵守校规校纪。在行为规范养成教育过程中，教师的模范行为极为重要，身教重于言教。要学生不要随地吐痰、乱丢果皮，教师就要身体力行；要学生不讲脏话，做到语言美，教师就要以身作则。只有言传身教、表里如一，才能形成高尚的师德情操，这对大学生的好思想、好品德的养成具有积极的引导作用。

第二节 高校思想政治教育方法创新的原则

创新不是无源之水、无本之木。创新必须是建立在过去经验和成果基础上的继承与发展。创新的过程，是对思想政治教育的规律性进行认识和把握的过程，而认识和把握思想政治教育的规律，又是对过去的经验和成果进行分析与总结的结果。也就是说，创新是高校思想政治教育的必然之路，但是创新不是随意的、盲目的，而是要根据思想政治教育的环境、条件、对象的变化，遵循思想政治教育的规律和原则的创新。

一、坚持目标导向

2016年12月7日，习近平总书记在全国高校思想政治工作会议上强调："高校思想政治工作关系高校培养什么样的人、如何培养人以及为谁培养人这个根本问题。要坚持把立德树人作为中心环节，把思想政治工作贯穿教育教学全过程，实现全程育人、全方位育人，努力开创我国高等教育事业发展新局面。"从"培养什么样的人、如何培养人以及为谁培养人"的高度为"立德树人"赋予了新的理论内涵，提出了更高的实践要求。这是对包括高校思想政治教育在内的整个德育体系的要求，是对社会主义教育事业的要求。在一定意义上，这一要求既是宏观目标和方法论的要求，也是微观过程和实践底线的要求。它将"立德树人"的理论意蕴提升到了一个新的高度。因此，在推进高校思想政治教育方法创新的过程中，要始终围绕"落实立德树人根本任务，培养德智体美劳全面发展的社会主义建设者和接班人"的育人目标，坚持正确的政治方向，为党和国家事业发展培养合格建设者和可靠接班人。

（一）坚持正确的政治目标

我国的高等院校是在中国共产党领导下的中国特色社会主义高校，肩负着培养德智体美劳全面发展的社会主义事业建设者和接班人的重大任务，因此必须坚持正确的政治方向。高校思想政治教育方法创新是推进高校思想政治教育现代化的重要内容，是为了适应人才培养的需要，因此必须要坚持正确的政治目标和政治方向，这既是非常重要的思想政治教育原则，也是思想政治教育方法创新必须坚持的重要原则。也就是说，高校思想政治教育方法创新必须紧紧围绕培养什么样的人、如何培养人以及为谁培养人这个根本问题，同我国发展的现实目标和未来方向紧密联系起来，更好地"为人民服务，为中国共产党治国理政服务，为巩固和发展中国特色社会主义制度服务，为改革开放和社会主义现代化建设服务"。

（二）坚持价值目标

马克思主义的根本立场是以人民为中心，马克思主义的崇高价值追求是实现每个人的自由全面发展。以马克思主义为指导的思想政治教育工作从根本上来说是做人的工作，是为了实现人的自由而全面发展。高校思想政治教育方法创新要始终坚持正确的价值目标，在遵循思想政治工作规律、教书育人规律、大学生成长规律的同时"围绕学生、关照学生、服务学生,不断提高学生思想水平、政治觉悟、道德品质、文化素养,让学生成为德才兼备、全面发展的人才"。思想政治教育方法只有遵循了大学生成长规律,才能促进大学生的成长。进入新时代,大学生的需要也日益多样化、高层次化,主体意识得到了极大的提升,对思想政治教育方法的多样性、个性化需要更加迫切、普遍。因此,高校思想政治教育方法创新需要以大学生的健康成长为出发点和落脚点,把理论的灌输和大学生的实际结合起来,在解决大学生的实际问题中提高他们的思想水平、政治觉悟、道德品质、文化素养,促进他们的健康成长。

二、坚持效能导向

思想政治教育方法既是思想政治教育体系的组成部分,也是思想政治教育成效的重要影响因素;思想政治教育方法创新既是思想政治教育体系现代化的内在要求,也是不断增强思想政治教育实效性的内在要求。因此,推进高校思想政治方法创新,不能为了创新而创新,而是要切实有助于推进思想政治教育现代化,有助于增强思想政治教育实效性。

(一)要有助于推进思想政治教育现代化

思想政治教育方法创新既是思想政治教育创新发展的一个重要理论命题,又是一个实践命题。作为一个理论命题,涉及的重点问题包括:当下高校思想政治教育方法为什么要创新、创新的理论支撑和实践基础是什么、如何在继承的基础上创新发展等。科学回答这些理论问题,准确把握其中的理论蕴涵,并在实践中不断运用、探索、丰富和总结,需要有科学的指导思想。作为一个实践命题,需要有丰厚的科学理论做指引。思想政治教育实践的复杂性和系统性,要求思想政治教育方法创新必须以思想政治教育实践为导向,聚焦实践前沿,把握实践需求,并寻求与之相对应的科学理论作支撑。因此,思想政治教育方法创新必须聚焦新时代新任务,聚焦思想政治教育的科学性、系统性和可操作性。

思想政治教育工作是一项复杂的系统工程,既包括思想政治理论课这一主渠道,又包括日常思想政治教育这一主阵地;既包括思想政治教育专职力量,又包括思想政治教育的兼职力量;既包括思想政治教育的实施者,又包括接受思想政治教育的对象——学生。思想政治教育致力于人才培养,同时人才培养中的各个环节又都需要加强思想政治教育。大中小学校思想政治教育一体化建设，以及家庭、学校、社会、政府等协同，都深刻地体现出思想政治教育过程的复杂性、系统性和综合性。因此，新时代思想政治教育方法创新要立足时代特征、中国国情和教育发展实际，深刻把握教育对象思想热点和变化规律，着眼不断发展着的思想政治教育的丰富内涵和内在结构，统筹世界眼光、中国情怀和时代特征三个维度，进一步增强方法的系统性和综合性。

（二）要有助于增强思想政治教育实效性

思想政治教育是一个多要素相互影响、相互作用的过程，方法是其中不可或缺的重要因素，并对思想政治教育的运行及其效果有着重要影响。思想政治教育要取得实际效果，就要讲究方法。当教育方法适应教育内容的要求时，教育方法就可以使思想政治教育内容更好地为教育对象所内化，更能增强教育内容的感染力和说服力，使思想政治教育产生更好的教育效果，成为促进思想政治教育活动的有力杠杆。当教育目标、教育任务和教育内容发生变化时，教育方法就需要改进、充实和完善，能同新的教育内容相结合，为新的教育任务服务。因此，思想政治教育要持续取得更好的效果，就要推进方法创新。高校思想政治教育方法创新，就是将教育内容更有效地作用于教育对象，增强思想政治教育的实效性，以更好地达到思想政治教育的目的。

三、尊重个体差异

思想政治教育方法是思想政治教育者与接受者之间相互联系、相互作用的纽带。只有恰当运用符合人的身心发展特点和思想品德发展规律，以及思想政治教育规律的科学方法，才能使教育者和受教育者之间建立起良性协调的互动关系。

（一）坚持以学生成长为中心的管理理念

首先，在开展思想政治教育时要转变以往简单粗暴的管理方法，应坚持以学生成长为中心的管理理念，尊重和关心学生，通过各种柔性管理手段来满足学生的内在需求。其次，坚持刚柔相济。既要通过刚性管理来营造一个纪律严明的校园育人环境，又要通过柔性管理为学生创设一个人性化的管理氛围，尊重学生的个性特征和多元价值取向，积极引导学生的心理发展，鼓励学生的相互监督和自我管理，进而开展良好的思想政治教育新局面，促使学生树立科学的世界观和理想信念，帮助学生更好地认识自我，增强学生的社会责任感。最后，因材施教。社会存在决定社会意识，社会意识是社会生活的反映。受社会、家庭环境的影响，不同的学生有不同的特点，因而在思想政治上存在着不同的倾向。再加上当前大学生的自主意识迅速提升，学生间的个体差异逐渐增大。这就要求思想政治教育必须尊重学生的个体差异，尊重学生的人格和思想，针对学生的不同类型、不同层次和不同个体间的差异，进行不同内容和实施不同方法的教育，才能获得理想的教育效果。

（二）科学运用情感教育手段

情感是学生内心深处埋藏的思想和情绪，高校思想政治教育方法创新，要通过科学的情感教育手段激发学生的内心情感，使学生产生自我发展和自我实现的需求，这样才能真正吸收和内化思想政治教育。因此在创新思想政治教育方法体系时，情感教育手段的运用至关重要。首先，教师要对学生的情感和思想状况加强重视和关心，对学生的情感波动和问题及时解决，然后从学生的情感入手开展教学，让学生更好地接受和认可思想政治教育，提高思想政治教育的效率。其次，教师要不断提升自身专业素质，学习柔性管理和情感教育的相关知识和技能，及时对学生的思想和行为给予科学指正，通过柔性管理开展思想政治教育。最后，正向鼓励为主。"当代青年遇到了很多我们过去从未遇到过的困难。压力是青年成长的动力，而在青年成长的关键处、要紧时拉一把、帮一下，则可能是青年顶过压力、发展成才的重要支点"。这就是说，在思想政治教育过程中，在坚持用马克思主义理论与社会主义核心价值观对学生进行必要的灌输和正面的引导的同时，必须充分地肯定学生的优点和成绩，以正面鼓励为主，同时指出存在的问题，指明努力的方向，这样才能激发学生的自信心和积极性，有利于学生思想的转化和提高。

（三）建立平等融洽的师生关系

教师是高校思想政治教育的主导者和组织者，学生是重要参与者，师生间地位是平等的，在思想政治教育过程中，教师与学生的关系是双向互动的，因此要构建一种平等和谐的师生关系。如果师生间关系紧张，则教师和学生无法顺利沟通和了解。只有尊重人格，开展平等对话，进行积极引导，才能产生思想上的共鸣和交流，才能不断提高思想政治教育的实效性。首先，教师要将自己与学生放在平等的位置，尽量从学生的角度理解和思考问题，体会学生的思想和情感状况。其次，教师要构建轻松和谐的教学氛围，通过各种方式与学生进行沟通和交流，了解学生的思想、学习和心理状况，不仅可以及时帮助学生解决问题,还可以从中寻找到思想政治教育的切入点,更好地构建柔性管理体系。

四、注重与时俱进

社会环境的变化、人们思想的发展、新的思想观念不断出现都对高校思想政治教育方法创新提出了要求。一定的思想政治教育方法是教育者在实践中适应了一定的社会环境和人们的思想特点创造出来的。当这一套方法适应思想政治教育实践的需要时,它就会具有较强的说服力和感染力,产生较好的教育效果;反之,当这一套方法被历史抛到后面,不适应思想政治教育实践时,就会失去说服力和感染力,被实践所扬弃。在这一不断发展的推进过程中,方法具有相对独立性,有一些经过实践检验有效的教育方法,经过改进和完善,能够同新的教育实践相结合,具有新的生命力。

(一)在继承中创新

新时代高校思想政治教育的目的、任务以及内容都有所改变和创新,这就要求我们在继承和发展前人成果的基础上,探索新的能够适应新时代新要求的思想政治教育方法。创新就是发展,发展就是扬弃,扬弃就是继承发展思想政治教育方法中的合理部分,否定其中陈旧的部分,并赋予思想政治教育方法体系以新的内容。首先,要坚持在继承的基础上发扬党的思想政治教育方法,主要是教育的方针、原则和一般方法,是以马克思主义为指导,在实践中形成并经过长期教育实践的检验,证明是科学的。这些方法反映了思想形成、发展、变化的规律以及思想政治教育的规律,因此对于这些方法需要继承和发扬,比如思想政治工作的正确的方针、理论与实际相结合的原则、言传与身教相结合的原则、解决思想问题与解决实际问题相结合的原则、依靠群众齐抓共管的原则,都要坚定地继承,并在继承的同时结合新情况充实新内涵。其次,要在改革的过程中赋予传统方法新内容。传统的基本方法是经得起历史检验的,但又必须赋予新的时代性内容,这样才能进一步显示其旺盛的生命力。思想政治教育方法在实践中的发展过程,就是在继承传统和改革创新的辩证统一中实现的。从发展的角度看,继承传统方法是改革创新方法的前提和条件,而改革创新方法是传统方法发展的关键和动力。随着历史条件的变化,一部分思想政治教育的方法必须充实新经验、补充新内容,这是思想政治教育方法创新的必然要求。此外,在开展各种思想政治教育活动和运用具体方法时,既要注意高校思想政治教育系统内部要素的优化，注意大学生知、情、意、信、行结构的优化，也要注意各种具体方法的融合，从而提升高校思想政治教育实际效果。

（二）激活大学生主体性

接受者的积极性、主动性、创造性在思想政治教育中十分重要。由于我国社会主义市场经济体制的不断健全和优化，以及社会主义民主政治的不断发展和完善，人们的思想和各方面的观念都得到了深刻转变，平等的观念、主体的观念以及民主的观念都显著加强。当代大学生不同于以往的大学生，他们更为乐意通过亲身体验以及独立思考的方式得到答案，倾向于平等的交流以及民主的协商。因此，高校思想政治教育方法创新必须着眼大学生主体意识的激活和加强，引导大学生进行自我教育、自我服务、自我管理，才能更好地促进教育的发展。

（三）遵循求实原则

在开展思想政治教育过程中，将理论和实际结合起来讲实际。坚持马克思主义指导，将其和中国的实际发展情况紧密联系起来，从当代大学生的思想实际出发，根据他们的行为规律和思想规律以及思想政治教育的规律，开展具有针对性的思想政治教育。求实的原则要求思想政治教育教师必须以客观实际为基础，展开深入调查和研究，立足于当代高校大学生群体，注意贴近高校大学生思想实际，贴近高校大学生的日常生活，贴近高校大学生的现实变化，准确把握大学生的思想实际，站在大学生的思想角度想问题、看问题，科学有效地推进思想政治教育方法创新。只有这样，才能实现大学生思想政治教育的目标任务，坚定大学生投身中国特色社会主义事业的理想信念，提高大学生的思想道德素质，引导大学生自觉践行社会主义核心价值观。

（四）聚焦教育根本任务

思想政治教育各种方法的改革和创新，都要围绕培养中国特色社会主义事业的建设者和接班人这一根本目标。这一目标引导关系到大学生思想政治教育的根本方向，也是新时期大学生真正实现全面发展的重要保证。大学生思想政治教育方法创新要以实现立德树人根本任务为旨归，将大学生思想政治素质的提升同大学生在新的社会环境中的成长成才联系起来，把思想政治教育贯穿于大学生日常生活和学习的过程中，同时凸显对大学生成长成才的全方位关怀。也就是说，高校只有真正坚持育人为本、德育为先，真正将大学生的德智体美劳全面发展纳入高校思想政治教育的过程中，大学生思想政治教育方法的改革创新才能真正取得成效。

第三节　高校思想政治教育方法创新的策略

当前，高校思想政治教育工作必须结合思想政治教育的特点、规律和科学技术的进步，改变传统的"一支笔，一张嘴"的单一模式，克服那种只讲大道理的传声筒式的教育方法，在课堂讲授、实践环节、多媒体教学、网络运用等方面要不断改进，通过多方齐抓共管，营造和谐发展的氛围。同时，高校思想政治教育工作还必须适应社会发展的新形势，抛弃不合时宜、不切实际的做法，既注重运用传统方法，又注重运用互联网等现代方式；既注重师生民主合作原则，又注重课内外教学活动相结合原则，不断增强思想政治教育的感染力和有效性，从而达到高校思想政治教育的最佳效果。

一、传承和改革传统教育方法

在传统的思想政治教育过程中，人们探索并形成了一套完整的教育方法，如理论教育法（灌输法）、典型教育法（榜样教育法）、实践锻炼法、自我教育法、形象教育法等。这些方法都曾发挥过巨大作用，有些方法至今仍具有强大的生命力。但是，如果把传统的思想政治教育方法简单地套用到当代高校思想政治教育实践中去，则不会受到学生的欢迎。因此，必须对传统思想政治教育方法进行创新，赋予其生机和活力，使其适应时代的要求。

（一）理论教育法的传承和改革

理论教育法（灌输方法）是传统思想政治教育的基本方法，在思想政治教育中发挥了巨大的作用，现在却受到了质疑。有人认为，中国社会已经发生了巨变，特别是大学生掌握了较高的基础知识和理论水平，有相当的时间、精力和能力从事理论学习和研究，传统的灌输方法无论在时间上还是空间上都已过时，应以"独立思考""自我教育"来取代。也有人认为，对有较高文化的大学生不宜再用灌输方法，而应以其他方法来代替。这些认识不无道理，但却是片面的。当然，灌输方法确实存在教条化、命令式、满堂灌的弊端，但其优势也是不可忽略的。因此，必须赋予高校思想政治教育方法新的生机和活力。

高校思想政治教育灌输方法的创新，应从以下三个方面进行：一是转变灌输理念。改变传统思想政治教育中教育者为中心的观念，转变为以受教育者为主体的观念，变单向灌输为双向互动式灌输，变强硬命令式灌输为疏导启发式灌输。鼓励大学生充分发表自己的观点和看法，倾听学生的呼声和意见，使思想政治教育过程成为教育者和受教育者双向交流、互相学习的过程。二是更新灌输的内容。既要灌输马克思主义基本原理，更要灌输创新的理论内容。灌输的内容应与时俱进，富有时代特色和现实感召力，有助于解决大学生的思想和实际问题。只要灌输的理论能够代表时代前进的正确方向，就一定会收到好的效果。三是创新灌输手段。不仅要通过传统的思想政治教育途径来灌输，更要大力提高灌输手段的现代化水平和信息化程度，充分利用报刊、广播、电视、网络等现代化传媒手段，形成多层次、全方位的灌输网络系统。

（二）典型教育法的传承和改革

典型教育法（榜样教育法）也是传统思想政治教育的基本方法，在思想政治教育中收到了良好的教育效果。传统思想政治教育非常重视树立先进典型的方法，雷锋、焦裕禄、孔繁森等先进代表曾激励了一代又一代人。榜样的力量是巨大的，每一个时代都有典型人物。在当代社会，应该运用与时俱进的眼光，重新树立典型的标准。

典型应该具有永恒的意义，富有人情味和符合人性，典型不应该不食人间烟火，脱离广大人民群众的思想实际。而要让人们看到，典型人物就生活在自己的身边，每个人都可以学习典型。除了树立那些具有共产主义远大理想的人物为典型，还应多宣传那些身处逆境，仍自强不息、顽强进取的人物，那些表现了人类精神光辉的典型人物。

此外，自觉应用负面典型开展警示教育同样十分重要。在应用负面典型时，首先，要让大学生对负面典型有一个正确的判断，知道其错在哪里。其次，要引导大学生分析负面典型所反映的落后思想、错误思想，以及产生的根源和危害，帮助人们自觉抵制消极影响，增强接受正面教育的主动性。应用典型进行教育的方法，可以使人们从正面与负面的比较中，明确我们所要提倡的、肯定的思想和行为的正确性，对我们所反对的、否定的错误思想和行为有所警惕，进行防范和抵制。因此，运用负面典型进行警示教育，不仅能有效消除负面典型的消极影响，还能强化正面教育，使正面教育更鲜明、更有力。我们要把典型教育法赋予时代特征，使其符合时代要求，以期达到高校思想政治教育的最佳效果。

二、实施线下与线上相结合的教育方法

随着科学技术的不断发展，网络所承载的内容非常丰富，覆盖的范围也十分广泛，网络所提供的服务也更具备个性化和人性化。网络使人们能方便、快捷、有效地获得知识，更新思维模式。因此，随着网络的深入发展，高校的思想政治教育工作也获得了更为广阔的发展空间。使人们在网络上能容易获取大量丰富的信息，网络所具备的虚拟性和平等性特点，拉近了人和人之间的心理距离，大大地增强了政治教育的力度；同时，网络是一个较为开放的虚拟空间，能够实现人与人之间的互相交流，针对这些网络特点，要把握网络化发展的时机，及时地采取有效方法和手段，占领网络思想政治教育高地，充分发挥网络的积极作用，有针对性地实施多种方式的思想政治教育活动，采取相应的更为有效的思想政治教育方法，帮助受教育者更好地树立正确的思想观念。习近平总书记强调："做好高校思想政治工作，要因事而化、因时而进、因势而新。要遵循思想政治工作规律，遵循教书育人规律，遵循学生成长规律，不断提高工作能力和水平。"思想政治线上与线下教育各自以其特殊优势，发挥着教育、熏陶的作用。但在实践过程中，它们又存在着局限性，无法彻底发挥全方位育人的功能。只有将二者有机整合，相互补充，达成互济，才能实现良好育人效果。

（一）思想政治线上教育与线下教育同频共振

通常情况下，思想政治教育的物质载体是教科书。时代在发展，我国科学技术的快速提升给思想政治教育带来了新的发展机遇，为思政教育内容和相关产品的制作、传播带来了新的方法和手段。随着互联网的不断普及和应用，信息能在不受时间和空间的影响下，得到更为广泛的传播，可以通过许多生动的例子形象地展示在受教育者的面前，从而达到应有的教学效果。网络时代，以互联网为界限，将整个世界分为现实世界和虚拟世界。在现实世界中开展的思想政治教育，被称为传统思想政治教育或线下思想政治教育，简称"线下思政"；在虚拟空间中进行的思想政治教育，被称之为线上思想政治教育，简称"线上思政"。思想政治教育线上教育是借助集视频、音频、图表、动画、图片、文字为一体的新型网络教育媒介而开展的虚拟、隐性的思想政治教育活动。思想政治教育线下教育是指以学校课堂教学为主，座谈、讲座、会议或讨论为辅的现实、显性的思想政治教育活动。

(二) 构筑高校思想政治教育"线上"新阵地

高校思想政治教育,始终是高校人才培养的主要教育课题。在"互联网+"大环境下,高校学生获取学习资源的渠道增多,尤其是对于思想、认知逐渐完善成熟,具有一定自我管理能力的高校大学生而言,充分利用"互联网+"优势构筑思政教育的新平台有诸多益处。在传统教育教学模式下,高校思政教师主要利用课堂开展思政教学,在课下不能对高校学生思想意识形成正面和积极干预,这在一定程度上影响了学生的学习与进步。但线上教育却能让传统教学模式的缺陷得到弥补,如教师利用微课、慕课等进行线上教育,将顺利打破时间、空间对教学工作的限制,进而在不同环境下对学生提供全面的思想教育帮助。当前我国高校仍旧以大班授课制为主,由于班级学生较多而教师时间精力有限,因此很难实现对学生的一对一教学,但思政教育与微课、慕课等线上教育平台的连通,却能让教育者与学生一对一交流,因而教育教学的针对性、有效性大大提升。当前,微课、慕课等线上教育平台已在高校教育中得到了较为广泛的应用。这类线上思政课程灵活性高、针对性强,高校学生个体均可根据自身的教育与学习需求合理选择学习项目,从而让教育或学习活动更加精准有效。同时慕课、微课等网络教育平台,能采用科学策略不断扩展教育群体,满足处于各学习阶段学生的学习需求,以实现对教育教学资源的高效利用。

(三) 深度整合促进线上与线下思政教育高度融合

在传统教育模式下,高校对网络教育的应用是以线下课堂结合线上网络教学的方式为主。这种教育教学方式极大拓宽了教育渠道,提升了教育的便捷性,但也存在一些缺点,与当前高校思政教育的要求不相符。因而高校思政教育应当持续深入探索互联网与思政教育结合的新途径,对思政教育模式教学方式进行创新优化。如高校可根据思政教育特点、思政教育目标对思政教育结构进行拆分,在各关键性教育阶段将微课、慕课等网络平台中的优质教育资源与课堂教学资源进行整合,选取微课、慕课等网络平台上的教育要点,在课堂上进行剖析讲解并组织学生在课堂上讨论。

1. 明确线上教育新目标构建线上教育新阵地

"互联网+"大环境下,结合具体课程明确教学标准对线上教育的目标,从而保证线上教育平台构筑的科学性、有效性。具体而言,构筑线上教育新阵地时,首先需深入了解学生的学习需求,并充分做好教育教学分析,分析不同环境下各类教育教学资源应用的利弊,对各类教育教学资源进行整合,实现优化应用。同时,在应用微课、慕课等开展线上教育时,高校思想政治教师应当保证在线课程的质量、品质,确保学生能通过线上课程真正学到知识,立足实际学情积极参与线上教育课程研发,从根本上提升线上教育的水平与质量,确保学生学习需求能得到满足。

2. 创建线上教育新方案提升线上教育前瞻性、先进性、有效性

在"互联网+"大环境下,高校思政教育应当树立起先进的教育教学理念,并严格遵循教育创新原则不断推进对线上教育的创新与优化。具体而言,在创建线上教育新方案时,高校思政教师需做到以下几点:首先,观察学生,与学生展开有效沟通与互动,了解学生内心世界,发现学生在思想观念方面存在的问题,在此基础上利用网络寻找相应教学资源创建线上课堂。其次,注重对线上教育方案的分析与反思,高校应当通过建立、实施以学习者为核心的评价机制,对线上教育的教育形式、管理形式等进行评价,通过评价及时发现不足,并结合学生具体情况予以优化。"互联网+"大环境下,思想政治教育进网络,既是现代化的内在要求,也是思想政治教育发展的应有之义,构筑高校思想政治教育"线上"新阵地将会是提升高校思政教学质量与效率的重要途径。

三、借鉴其他学科和外国方法

思想政治教育是一门跨学科多领域的边缘交叉科学,它必然也应该吸收这些学科领域的方法。例如,高校思想政治教育吸收心理学的心理咨询方法,可以回答人们心理上存在的问题,对医治心理和思想疾病,能够起到很好的思想政治教育作用。高校思想政治教育吸收法学的制度管理方法,可把思想政治教育与制度的规范、激励、约束结合起来,在制度基础上解决人们的思想问题,通过健全制度来巩固思想政治教育成果,推进思想政治教育制度化建设,建立适应时代发展的良性运行机制,使思想政治教育有法可依,有章可循。高校思想政治教育还应该借鉴和吸收伦理学的品德修养方法,行为科学的激励方法,人才学的人才发现和培养方法,教育学的教育方法,管理学的管理方法等,它们都为思想政治教育方法创新提供了源泉。高校思想政治教育工作者要把这些学科领域的方法整合创新为思想政治教育方法,以达到思想政治教育方法的

优化。

思想政治教育还应吸收外国先进的思想政治教育方法。例如，美国、西欧主要利用榜样的作用，如优秀文学作品和名人故事；日本学习了中国的思想政治教育和儒家思想，再融合其拼搏精神，形成了日式的企业思想管理方法。此外，日本的校园文化建设、企业文化建设更是独具特色，这些方法都值得我们学习和借鉴，并加以运用到高校思想政治教育中。

四、构建"课程思政"协同教育体系

将思想政治教育融入各科教学，是一项任重而道远的工作。一是高校要从全校的办学理念、办学宗旨和人才培养目标出发，确保中国特色社会主义办学方向。二是要从思想政治理论课教学改革和专业课教学改革两方面入手，构建思想政治理论课与"课程思政"协同教育体系。三是教务处、学生处、各院系要相互配合，在教学工作中共同构建"全程育人"体系。

（一）改革思想政治理论课相关制度

高校思想政治理论课是对大学生开展思想政治教育的主渠道、主阵地，需要进一步强化育人功能。首先，遵从思想政治理论课建设准则，以《高等学校思想政治理论课建设标准（2021年本）》为教学准则，完善好备课、听课制度，严格把控教学内容及教学质量。其次，修订思想政治理论课教学大纲，由思想政治理论课教师对教学目标、教学内容、教学手段、实践课程以及思想政治教育在课程体系中的定位进行重新审视与考量，对每节课的内容进行分析，提升理论高度。再次，理论联系实际，要求教师用书本理论分析现实生活，引导学生将所学理论应用到实践中去，强化学生的社会责任感，提升政治敏感度，正确处理各种问题。最后，使用调节测评的方法检测教学成果。如果不重视反馈测评，部分教师可能会存在侥幸心理，不注重教学的实际效果。可以说，没有调节测评环节，思想政治理论课就很难开展下去。

（二）创新思想政治理论课教学体系

首先，推进教学模式的创新。思想政治理论课一定要以党建内容为指导，重视发挥党员教师的先锋作用，举办先锋讲坛，为广大师生展示优秀劳模案例，同时也要注意将中华优秀传统文化融入教学，用儒家文化解读政治思想，从而提升课堂的吸引力。其次，开设试点课程。开设的试点课程包括上海大学的"大国方略"、同济大学的"中国道路"、华东政法大学的"法治中国"、上海对外经贸大学的"人文中国"等。开设这些课程有利于坚定大学生对中国特色社会主义的道路自信、理论自信、制度自信、文化自信,不仅能够帮助学生全面了解国家,增强民族自豪感,而且开阔了学生的视野,引发了学生的政治思考。

(三)建立思想政治理论课与"课程思政"协同教育体系

"课程思政"充分体现了每门课程的育人功能和育人责任,各高校应以具体的专业课程为载体,提高全体教师思想政治教育的主动性,改变专业教师"只教书不育德"、思想政治理论课教师单兵作战的状况,加强"课程思政"建设是加强专业课教师的思想政治教育,确保专业课教师与思想政治理论课教师同向同行,在教学中坚持马克思主义科学立场,杜绝传授封建迷信思想。二是从人才培养方案、专业课程的教学大纲、教案、课堂教学和课程考核等角度提出全面要求,深入挖掘专业课程的思想政治教育元素,强化思想政治教育功能,构建思想政治理论课与"课程思政"相协同的教育体系。三是提高专业课教师的政治敏感度,坚持原则,把握方向。

(四)强化监督和考评机制

首先,高校应组织督查队伍,旁听各类课程的课堂教学,在学生评教活动中,设立思想政治教育评教项目,从教学层面对"课程思政"提供机制保证,督促教师坚持正确的立场。其次,教学管理部门应以教学水平评估或专业认证为依托,将思想政治理论课的具体开展情况作为教学评估的重要内容,将开展成功的优秀案例筛选出来供学校师生学习,并且对这些优秀教学成果进行奖励,提升教师教学的积极性。再次,建立相关指导部门,即学校思想政治教育指导部门。只有学校的各个部门相互配合,共同探究,才能强化思想政治理论课与"课程思政"的协同效应。只有全校师生共同努力,才能深入推进"课程思政"与思想政治理论课的协同教育。

"课程思政"与思想政治理论课协同教育体系,是一场长久且意义深远的教育改革。高校思想政治理论课建设应当结合当前学生特点与社会经济发展实际情况,密切思想政治教育工作者与广大师生的关系,紧追时代潮流,用科学的手段与先进的教学方法,为整体推进高校思想政治工作提供支持。

五、实施校内与校外相结合的工作方法

习近平总书记在全国教育大会的讲话中指出:"办好教育事业,家庭、学校、政府、社会都有责任。"这一重要论述为推进高校思想政治教育全方位育人工作指明了努力方向、明确了主体责任。作为一项复杂的系统工程,高校思想政治教育全方位育人工作的开展不应仅仅局限于学校教育范畴,而要树立系统性、整体性思维,统筹高校与家庭、社会有效协同,形成"三位一体"育人共同体。一般而言,高校思想政治教育能否达到预期效果,除很大程度上取决于学校教育的影响之外,还源于家庭和社会的综合影响与合力作用。因此,从这个意义上讲,切实推进高校思想政治教育全方位育人,务必要统筹协调高校与家庭、社会的关系,确保以上三个方面在育人理念、育人目标和育人场域上保持协同联动,努力形成强大育人合力。

(一)发挥家庭在高校思想政治教育全方位育人中的基础性作用

家庭中良好的家教家风的感染熏陶、父母长辈的言传身教可以培养孩子优良的道德思想和道德品质,帮助他们扣好人生第一粒扣子,这大大提高了后续学校思想政治教育的效率和质量。家庭教育是个人成长的起点,家长作为思想政治教育的第一任教师,应高度重视家庭教育的作用,以身作则、树立典范,营造良好家风、家教。良好的家庭教育可以有效弥补高校思想政治教育的不足,并拓宽高校思想政治教育的宽度和广度,是推进思想政治教育全方位育人工作的一支有生力量。

(二)发挥高校在思想政治教育全方位育人中的主导性作用

学校是立德树人的主阵地,肩负着为党育人、为国育才的光荣使命。而思想政治教育对于大力培养有理想、敢担当、能吃苦、肯奋斗的堪当民族复兴大任的时代新人发挥着重要作用。为此,高校应以立德树人为根本,充分整合各部分、各领域、各层级的育人资源和力量,优化人才培养体系,努力成为联结家庭和社会的桥梁和纽带,推动思想政治教育全方位育人工作格局的构建。

(三)发挥社会在高校思想政治教育全方位育人中的支持性作用

高校思想政治教育不能脱离"社会大课堂",要实现高校思想政治教育课学校教育与社会教育的有效交互,使学生对思想政治课程形成强烈的参与感、

代入感和获得感。全社会都应围绕思想政治教育全方位育人唱响立德树人主旋律，以正确舆论营造良好社会文化氛围，以光辉典范引领社会道德风尚，为高校学生树立崇高理想营造风清气正的社会育人大环境。

（四）推进高校与家庭、社会协同

学生通过高校教育，能够具备基本的科学文化知识；而家庭教育能够帮助学生获得人生的基本常识；社会教育的作用是帮助良好社会氛围的形成，在思想政治教育工作中，这三者缺一不可。而随着时代的发展，为了充分发挥综合教育的积极作用，以高校为圆心，向家庭、社会辐射，形成"三位一体"育人共同体，通过全面展现学校育人水平，努力提升家庭育人能力，深入挖掘社会育人资源，形成最优化的育人合力，构建高校思想政治教育全方位育人工作格局。因此，要加强高校思想政治教育，需要学校为学生提供和谐有序的校园环境，同时家庭与社会也要为思想政治教育创造良好的外部环境，才能调动大学生对思想政治教育的积极参与和自我教育。

第七章　高校思想政治教育的队伍建设创新

拥有一支优秀的高校思想政治教育队伍是做好思想政治教育工作的根本保证。高校思想政治教育工作者组成的队伍，是高等学校教师和管理队伍的重要组成部分，是大学生思想政治工作的组织者和指导者，也是高校思想政治各项制度措施的实施者。这支队伍的优劣及稳定与否，直接关系到高校思想政治教育的成效。

第一节　高校思想政治教育队伍及队伍建设的必要性

一般认为，高校思想政治教育队伍是负责大学生思想政治工作的教师群体，主要对大学生进行思想引导、价值指引和道德教育等。以前，一提起思想政治教育教师，人们往往想到的便是高校思想政治理论课任课教师或者高校辅导员班主任，似乎只有他们的任务才是大学生思想政治教育，这种认识显然与治理现代化的要求格格不入。如何站在"三全育人"的高度认识高校思想政治队伍的组织构成，怎样通过组织优化来加强其育人合力，需要做出新的分析与探索。

一、高校思想政治教育队伍的主体

高校思想政治理论课教师、辅导员班主任、专业课教师、心理咨询教师等，都是开展高校思想政治教育工作队伍的主体。

（一）高校思想政治理论课教师

高校思想政治理论课是立德树人的关键课程，体现了社会主义大学的本质要求。办好思想政治理论课关键在于任课教师。专业课教学任务往往侧重于知识传授，就算学生不喜欢这个老师，也不会怀疑课程所讲的定理公式。但思政课教育教学注重的是人的思想品德的形成，既靠真理的力量，也靠任课教师人格的力量，身教重于言教。思政课任课教师的用心用情程度对教育教学效果起主导作用。一旦学生不喜欢思政课任课教师，就会失去对课程内容的兴趣。

进入新时代，人们思想活动的独立性、选择性、多变性、差异性明显增强，思想道德领域出现一些不容忽视的现象，这些现象必然会反映到大学生身上。因此，思政课教师要面向教育现代化的方向和趋势，着眼社会主义人才培养目标，立足思政课特性，认真研究大学生的思想动态和价值观念，按照习近平总书记在学校思想政治理论课教师座谈会上提出的"政治要强、情怀要深、思维要新、视野要广、自律要严、人格要正"的要求，坚持政治性和学理性相统一、价值性和知识性相统一、建设性和批判性相统一、理论性和实践性相统一、统一性和多样性相统一、主导性和主体性相统一、灌输性和启发性相统一、显性教育和隐性教育相统一，提升素质，"推动思想政治理论课改革创新，不断增强思政课的思想性、理论性和亲和力、针对性"。同时，还要结合新时代教育治理现代化的现实需要，主动对接专业课教师、辅导员班主任，形成思想政治教育合力，创新思政课教育教学。从一定意义上讲，这也是落实新时代思政课教育教学改革的内在要求和重要体现。应该说，这样的改革只有进行时，没有完成时。

（二）辅导员班主任

作为高等学校教师队伍和管理队伍的重要组成部分，辅导员班主任往往具有教师和干部的双重身份，他们是高等院校思想政治教育和相关管理工作的组织者、实施者和指导者，也是开展大学生思想政治教育的骨干力量。辅导员班主任应当与学生和谐相处，为学生成长成才保驾护航，努力成为学生的人生导师和健康成长的知心朋友。

辅导员班主任在思想政治教育工作中发挥着尤为重要的作用。他们作为高校中与大学生距离最近的人，与大学生接触的时间长，能够了解学生的成长特点，指导帮助学生解决学习生活中遇到的实际问题。推动高校辅导员班主任队伍专业化、职业化发展，关系到大学生思想政治教育质量，关系到人才培养质量，关系到高等教育质量。

在新的历史条件下，辅导员班主任要做好大学生的思想政治教育工作，需要不断学习以具备宽广的知识储备、提高思想政治教育工作艺术和技巧，以扎实的专业素养和人文精神，对大学生给予"刻骨铭心"的教育和启示。同时，还要主动对接思政课教师和专业课教师以形成思想政治教育合力。也就是说，要成为大学生"锤炼品格""学习知识""创新思维"和"奉献祖国"的"领路人"。

（三）专业课教师

教师的为人师表，是由教师的职业性质决定的。教师在工作中的忘我精神、严谨态度、人格魅力等，都是学生效仿的重要方面，甚至某一句话、某一个鼓励都可能影响或改变一个学生的一生，其意义重大自不言表。但是教师并不只是简单的教书匠，除了把知识传递给学生外，还应该从社会道德规范、政治要求等方面对学生进行指导和教育，这就要求除了思想政治理论课教师外，其他专业课的任课教师也应该积极地将思想政治教育融入专业课教学中。

专业课教师在课程教学中，可以结合中国现实国情，介绍中西方学术界不同的学术观点，引导大学生对国际形势和热点问题的正确认识，更好地承担对大学生进行思想政治教育这一使命。譬如，自然科学专业教师要注意将辩证唯物主义、历史唯物主义的观点和方法同专业知识的讲授结合起来。

（四）心理咨询教师

"知其心，然后能救其失"，引入、借鉴心理学的知识和方法，进行心理测试和心理分析，开展心理咨询与心理健康教育，普及心理保健知识，提高心理素质，已经成为高校思想政治教育的有效途径。2018年7月，教育部党组印发的《高等学校学生心理健康教育指导纲要》（以下简称《纲要》）指出："心理健康教育是提高大学生心理素质、促进其身心健康和谐发展的教育，是高校人才培养体系的重要组成部分，也是高校思想政治工作的重要内容。"既然心理健康教育是高校思想政治教育工作的重要内容，那么心理咨询（包括心理健康教育）教师队伍也必然是高校思想政治教育队伍的重要组成部分。《纲要》指出："心理健康教育师资队伍原则上应纳入高校思想政治工作队伍管理。"

因为心理素质是思想品德形成和思想政治教育必不可少的前提条件和基础。因此，在治理视域下，心理咨询及心理健康教育教师要自觉融入高校思政队伍，一方面，结合思想政治教育开展心理咨询和心理健康教育，以提高大学生的心理保健能力，改善大学生的心理素质；另一方面，还需要为包括高校思政队伍在内的其他教师心理健康发展提供服务，改善教职员工的心理素质，帮助其他教师学会应用基本的心理学知识和技能来开展专业教育和思想政治教育工作。

除了思想政治理论课教师、辅导员和班主任、专业课教师、心理咨询教师外，高校的每一位教育者和管理者都担负着对大学生进行思想政治教育的职责。高校要充分调动每一位工作人员的思想政治教育意识和责任，建设一支全面服务于大学生的思想政治教育工作队伍。

二、高校思想政治教育队伍建设的必要性

（一）加强对高校思想政治理论课程教师队伍建设是落实我党教育方针的实际需求

在高校当前的思想政治教师队伍建设上，存在重视度不足的问题，主要就是部分高校领导对这一工作的重视程度不足，一些领导认为高校本身资源就有限，因此，好的教师需要用在一些重要的位置，导致思想政治教育的实际效果无法达到预期，从而导致高校思想政治教学无法取得预期的教学目标和结果，虽然这种认识看似存在一定道理，但是的确是错误的。对于高校的教师队伍建设绝不能等到教师队伍建设具有了一定成效才予以重视，也不能用错误的态度去对待这一事件，而是要在教师队伍素质有待提升的环境下，加强对队伍建设的关注度，多多支持教师，帮助教师不断提升自身的素质，这样才能更好地提升高校整体的教育成果。多个文件明确说明，高校思想政治理论课程是我党教育方针的主要表现，也是社会主义高校的基本特质，高校的思想政治理论课教学工作反映出了国家的实际需求，需要高校思想政治教学队伍的不断发展与壮大，通过建设高校思想政治教师队伍的工作开展，实际上就是完善了国家的相关需求。因此，不论思想政治理论课程教师的工作能力如何，即使工作能力有待提升的时候，高校都要给予其支持，各地的高校都要加强对教师队伍的建设，并且为其投入相关的人力与物力，这样才能更好地落实我党的教育方针，完成党交给自己的重要任务。

（二）高校思想政治教师队伍的建设是高等教育工作开展的必然需求

和其余的课程一样，高校思想政治理论课程的改革需要按照一定的规律，依照当前高校思想政治理论课程实际的规律和大学生的成长规律，对整体高校教育工作提升质量，加强对教师素质的培养，因为对高校思想政治理论课程来说，教师是课程实际成果的决定因素之一，所以在教育工作开展中要加强对教

师队伍的建设和改革教学方式，最为重要的也就是教师队伍的建设。教师的教学工作与科研工作是高校的主要工作，但是由于各种因素导致了这两种工作出现了不一样的情况，在高校的科研项目方面可以取得一些进展，而这些项目能够引发出教师的积极性，让教师愿意自主参与。而在教学工作的研究上，教师却缺乏自主性，通过进一步了解可以得知，在教学过程中专业课与思想政治理论课相比较来说，教师对专业课的兴致会更高一些，愿意投入更多的精力，而思想政治理论课程的教师通常都缺乏教学热情，因此，就需要对这一课程内容给予更多关注。

现阶段的高校思想政治理论课程的教育模式还处在一个发展阶段，最主要的问题就是在方案落实中存在各种的艰险与挑战，但是所有的工作开展都是为了更好地将这门课程构建成大学生真心喜欢，能够对大学生起到影响的课程，想要完成这一目标就需要加强对于当前高校课堂教学效果的提升，每一个教师就代表着课堂的教学效率，而教学效果不会相互影响，因此，就需要对高校内部的每一个思想政治理论课程教师的教学水平进行提升，使其不断提升自身的教学质量。也就是说，高校内部的教师思想政治素质以及教学能力，对于教学状况的改善有直接的影响，所以当前高校要不断加强思想政治理论课程教师队伍的建设。

（三）高校的思想政治理论课程对大学生的思想政治素质提高至关重要

作为大学生接受思想政治教育的主要方式，高校的思想政治理论课程对大学生的思想政治素质提高来说具有重要的作用。通过教育工作能够为中国特色社会主义的建设培养更多的可靠人才，而作为思想政治理论课程的教育者，也要提高自身的教育水平，因为教育人员对思想政治理论课程的教育实际成果起着关键的作用。作为大学生思想政治教育工作开展的中坚力量，高校思想政治理论课程教师队伍的素质会直接影响到大学生思想政治教育工作开展的最终成果。所以当前高校需要不断加强思想政治理论课程，教师队伍的建设就需要首先把思想政治理论课程教师队伍的建设归入到自身的人才队伍建设培养过程中，统一安排保持以科学的教研方式为平台培养教师，不断提高自身的教学能力，一改当前存在的教学问题，培养更多具有政治觉悟和扎实理论功底，善于将理论联系到实际的思想政治理论教师，构建一支精湛的教师队伍。

(四)高校的思想政治理论课程教学难度很高,教师思想政治素养有待提高

通过多年的实践能够得知,高校的思想政治理论课程教学难度并不比其他的课程简单,因此,对教师的要求也很高,想要成为一个具有高素养的思想政治理论课程教师,首先就需要提高自身的思想政治素养。高校的思想政治理论课程教学中具有较为显著的意识形态特色,因此,作为思想政治理论课教师来说,需要加强对自身理论知识的累积。教师要保持先进的教学理念以及教学水准,在当前多元化的社会环境下,一方面要面对社会站在不同的角度给高校的思想政治理论课程教学工作提出的全新的问题;而另一方面学生的思想受到了社会多元化思想的影响,也对思想政治理论课程教学的要求越来越高,这些都会导致高校的思想政治理论课程教学和其他的科目相比较来说难度较高。所以,针对其他课程的教师来说,思想政治理论课程教师的教育能力和教育觉悟需要具有更高的水平。针对教师来说,要提升自身的学术水平,马克思主义的理论知识来源于科学性,而思想政治理论课程教学的实际效果就需要教师将以理服人作为根本的教育目标开展教育工作。

现阶段我国的思想政治理论教师队伍建设还存在一定问题,人员素质较差,缺乏一些优秀的带头人,这些都是显著存在着的事实。在实际教学开展过程中,经常会感受到思想政治理论课教师自身的学术水平影响了教师的教学能力,因此,必须不断加强对思想政治教师队伍的建设。

第二节 高校思想政治教育队伍建设现状分析

目前,中国高校高度重视"育人为本、德育为先、能力为重、全面发展"的办学理念,系统落实高校思想政治教育目标,普遍采取了一系列行之有效的措施,逐步建立了一支素质优良、业务精湛的高校思想政治教育队伍。为了加强高校思想政治教育工作,高校逐渐形成了"全员育人、全过程育人、全方位育人"的良好氛围和工作机制。广大高校思想政治教育工作者不断加强自我修养、提高业务水平,在大力提高学生的科学文化素质的同时,更加注重提高学生的思想政治素质,努力培养中国特色社会主义现代化的合格建设者和可靠接班人。

一、高校思想政治教育队伍建设的主要成就

高校思想政治教育工作是贯彻执行党的基本路线和教育方针，坚持社会主义办学方向的重要手段和保证，为学校的稳定发展、学生的健康成长发挥了巨大的作用。在各级党组织的领导下，广大思想政治教育工作者共同努力，高校思想政治教育工作取得了可喜的成绩，思想政治教育队伍不断壮大，效果日益显著。

（一）高校思想政治教育主体队伍基本建立

在当前的时代特征下，思想政治教育呈现出许多新特点和新问题，特别是高等学校，教育客体主要集中在大学生这一特定人群中。是否能够建设一支爱岗敬业，具有高度政治责任感、崇高使命感和精深的理论水平的思想政治教育主体队伍，对中国的教育事业具有重大的战略意义。高校思想政治教育队伍的专业化就是要做到专职人员为主干，确保思想政治教育工作人员充足的时间和精力用于本职工作。要按照高校思想政治教育队伍专业化要求，使广大思想政治教育工作者具备相关的知识和工作能力，实行符合本专业特点的职务、职称管理制度。高校思想政治教育队伍建设的专业化，将是未来思想政治教育队伍建设的主要趋势。

但是，由于目前高校思想政治教育工作发展不完善，仅仅靠专职教师队伍做工作是不够的，还需要加强兼职教师队伍的建设，鼓励广大教师"双肩挑"。目前，高校已初步形成了一支以专职教师为骨干，专兼结合、专业互补、相对稳定、素质较高的思想政治教育工作队伍，思想政治教育工作逐步走上了科学化、规范化、专业化的发展道路。在大多数高校，思想政治教育工作人员之比在 1∶200 至 1∶500 之间，他们基本上都具有一定的马克思主义理论基础，懂得思想政治教育的基本规律和业务知识，熟悉学生思想、心理发展的特点，有较强的工作能力。另外，一些优秀中青年教师和部分管理干部，也兼职做一些思想政治教育工作。这批以精干的专职人员为骨干的专兼结合的思想政治教育工作队伍，在促进思想政治教育与智育的结合，专职人员向专业化、专家化方向发展，以及兼职人员加强实践锻炼、增长管理才能等方面都取得了明显的效果。

(二）高校思想政治教育建设方向和目标不断明确

高校思想政治教育队伍建设是一项长远的事业，是一个持续努力的过程，它要求我们不仅要立足当前而且还要预见未来。它以客观实际的基础分析未来的可能性，反映事物的发展趋势和人的主观预期。

可以预见，在未来一个较长的时期内，只要高校本身坚持正确的办学方向，依法依规办教育，不断加强师资队伍建设，狠抓教育教学质量，就会迎来中国高等教育蓬勃发展的良好机遇。加强思想政治教育队伍建设，是高校坚持正确办学方向，坚持人才培养目标的重要保障，探索未来高校思想政治教育队伍建设目标，能为我们制定思想政治教育队伍建设规划提供决策性参考。

（三）高校思想政治教育培训制度和体系逐步完善

高校思想政治教育工作者的再学习和再培训，是保证这支队伍能够紧跟社会发展形势、适应高等教育发展的有力措施。教育部门把提高思想政治教育队伍整体素质作为加强队伍建设的重点，为建立和完善思想政治教育队伍的培训制度和培养体系采取了一系列重要措施。同时，加强高校马克思主义学院建设，打造马克思主义理论教学、研究、宣传和人才培养的坚强阵地，支持有条件的高校设置马克思主义理论专业，深入实施马克思主义理论研究和建设工程。

除此之外，不少高校还经常性地开展培训或短期调研考察，主要内容为马克思主义理论和思想政治教育工作相关学科的知识，并将培训纳入学校师资整体培训规划，通过有计划的岗前培训、技能培训、理论培训、调研培训、工作研讨等途径，对思想政治教育工作人员进行基本理论、基本技能、基本方法的培训，不断提高思想政治教育队伍的工作水平和业务能力。不少高校每年划拨专项费用，保证培训工作的顺利开展和培训体系的正常运行。

二、高校思想政治教育队伍建设存在的主要问题

（一）缺乏整体统一、科学的组织布局与谋划

在近几年的实践中，尽管各级部门在思想政治教育队伍的建设上也确实花了不少精力和心思，但是由于自身领导和组织体系的原因，高校各方面力量并没有得到有效整合，显得各自为政。而且从高校的发展布局来看，高校对思想

政治教育队伍建设缺乏整体和长远规划。

一是没有统一所有的资源和力量用于整支队伍的建设。比如思想政治理论课和辅导员、团委干部分别属于不同的部门。团委、辅导员队伍的建设一般归口学校团委和学工部门负责,而思想政治理论课教师队伍建设一般归口于教务和宣传部门。而作为更高层级的党委并没有很好地协调起来,这样一来,就经常出现一所高校利用假期同时分开进行团委干部、辅导员培训和思想政治理论课教师师德培训的现象。这样一来,既浪费了资源,又不利于整合队伍的力量,另外,按照上级规定,学校党政干部和其他哲学社会科学教师也应该属于思想政治教育队伍,但是从目前的实际情况来看,对这两支队伍的建设一般都是局限于行政业务或专业性质的建设,很少与大学生思想政治教育相关。

二是在布局队伍建设时,过于突出对队伍的管理,而相对忽略其他方面的建设。受管理者本位理念的影响,很长一段时间以来,组织者对于如何更好地发挥成员作用的问题,首先想到的就是加强和优化管理。在高校思想政治教育队伍建设中,同样存在这种倾向。每每提到加强队伍建设,学校总是要求各部门严格管理并出台许多管理制度和规定,有的甚至就是直接给教师的工作和考核加码。思想政治教育队伍建设包括很多项内容,管理无疑是其中一项重要内容,但其他内容比如优化现有人员的结构,如何实现各部门的协调统一,如何改善思想政治教育的校内外环境,如何激励教育者自觉努力成长,等等,都应该是队伍建设的重要内容。而这些方面,一些高校做得并不是很好。

(二) 队伍建设诸环节都存在不足

建设一支合格队伍的基本内容大体包括从业人员的选配、结构的优化、队伍的科学管理及相关的制度建设。然而,从目前高校思想政治教育队伍的情况来看,这些环节都还或多或少存在一些问题。

一是教育者队伍的组成即人员选配和组合问题。从目前情况来看,一些高校并没有严格按照国家的要求配备思想政治教育从业人员。这个问题在辅导员、班主任的选配方面比较明显。以辅导员和班主任的配备为例,在人数比例方面,许多高校难以满足1∶200的比例,有的学校是辅导员兼班主任;在准入门槛方面,不少学校辅导员的学历、政治面貌、专业及从业经验都达不到《普通高等学校辅导员队伍建设规定》(2015)的规定。一些高校为了解决高层次人才的配偶问题,不论其是否合格,都将他们放在辅导员的位置。还有一些高职院校、独立学院和民办院校,纳入正式编制的辅导员、班主任人数相当少,根本达不到70%的要求,只得聘请大量的社会人员来担任辅导员。这种做法既导致对辅导员班主任队伍的管理无法到位,也导致一些德、才俱欠合格的人员进入辅导员队伍。在选配程序方面,目前尚无统一的标准,都是各高校视自己的需要临时制定标准和程序,随意性太大,且不规范。类似问题在思想政治理论课教师队伍方面也存在。

二是队伍的管理制度和机制建设问题。多年来,从中央到地方再到高校,确实已经出台制定了许多关于大学生思想政治教育队伍建设的制度,形成了一些有效的机制。但是还是存在诸多如不完善、不系统、欠规范、操作性不强的问题。有的制度即使制定,也是得不到有力的执行。如管理理念方面过于突出纪律管理、态度管理和业绩管理,在严格工作纪律和工作秩序方面的制度规章相对较多,而在如从业人员的待遇、发展机会等激励保障方面重视不够,缺乏完善、统一的制度及措施。如专业职务评聘的政策落实不好,确认管理干部身份及作为党政后备干部培养和选拔的制度缺失。

(三) 部分思想政治教育者综合表现难以满足大学生德育工作的需要

一是个人素质有待继续提升。打铁还需自身硬,作为大学生政治法律和思想道德素质的教育者和引导者,高校思想政治教育者必须做到学高和身正。如果教育者自身政治法律素质和道德水平不能成为学生的表率,如果教育者自身对思想政治教育规律掌握不好,甚至连基本的教育学、心理学和教育技能都掌握不好,他是难以服人的。目前一些高校思想政治教育者就存在这方面的问题。

从身正来看,一些教育者自身就缺乏坚定的政治立场,对马克思主义缺乏坚定的信仰,对世界社会主义运动暂时处于低潮和中国特色社会主义建设中出现的困难缺乏理性地分析和判断,因而对中国特色社会主义缺乏道路、理论和制度自信,对中国社会主义优秀文化缺乏自信,不能正确引导学生的思想政治素质养成。有的甚至在学生面前散布许多反马克思的观点立场;一些教育者不重视职业道德修养,人生观价值观中个人主义和功利主义有所抬头,敬业奉献精神不够,甚至有着较严重的职业倦怠,不足以充当学生的表率。

从学高来看,当前这支队伍的专业化程度依然不高,专职的学生管理人员更是如此。目前思想政治理论课教师的准入门槛较高,本科院校基本都要求是相关专业的博士学历,高职院校也一般要求相关专业的硕士以上学历。但是在辅导员方面,情况就不太乐观了。有一些专职辅导员并没有经过专业化的理论和实践能力培养,专业意识不强;有的辅导员对思想政治教育工作必需的学科相关知识了解不多；有的辅导员缺乏对思想政治教育工作必需的技能的掌握，必然会在具体的工作中受挫。

二是队伍的稳定性有待继续提高。由于目前人数配备比例不达标，大家的工作压力与其他岗位相比偏大，而工作报酬和待遇却没有得到应有体现，再加上在高校的整体评价中，他们所从事的工作有被边缘化的倾向，因此，不少人都有着不同程度的职业倦怠。这就导致这支队伍流动性较大，辅导员队伍更是如此。一些辅导员服务期满后，总是设法转岗做行政或专业任课老师，有条件的还会选择继续深造。

三是整支队伍没有很好地形成合力。按照相关规定，高校思想政治教育队伍是一个由多部门、多类别人员组成的集体。在这些从业人员中，有的从事行政管理工作，有的从事思想政治理论课或其他哲学社会科学教学工作，有的专门从事学生日常生活与学习的组织管理工作。这些部门和人员的直接管理部门也不同。这样一来，即使各类人员工作积极性很高，责任心很强，但相互之间缺乏合作，缺乏信息与资源共享，有时还会相互抵消冲突。如有的辅导员对学生的思想政治理论课秩序重视不够，对专业课却很重视。甚至有的辅导员听说是思想政治理论课，就安排一些学生来办公室做其他事，如果是专业课就不这样做；有一些党政干部名义上属于思想政治教育队伍成员，但从来都将自己的工作定位于普通的行政工作和管理工作，将自己的工作对象定位于教师而不是服务学生，而部门思想政治理论课教师及大部分哲学社会科学教师同样也是将自己定位于课程教学与科研，对学生课外的思想政治教育行为一概不关心，认为是辅导员、班主任的事。

三、高校思想政治教育队伍建设存在问题的原因分析

（一）功利主义教育观的消极影响

随着市场经济日益渗透到社会生活的方方面面，其负面影响也表现出来。对于教育发展来说，市场经济所带来的最大影响就是教育理念的功利主义化。这种教育理念的功利主义化不仅会极大地影响社会环境，也会不可避免地影响教育主管部门及高校的领导者和决策者的办学和治校理念，其直接后果就是思想政治教育工作"无用论"或"过时论"抬头，许多人都认为这类工作可有可无，不值得花太多资源于其上。

在社会环境方面，功利主义教育理念已经深深地影响了社会各界。在这种

理念影响下，社会、家长等对高校的关注多是放在那种短平快的专业，对于大学生思想政治教育这种属于百年树人式的长线专业或工作不感兴趣。每年的公务员和事业单位招考的岗位设置中，对于思想政治教育、哲学等专业的需求极少。这种理念至少会产生两个不良后果。一是大量的学生都是将眼光放在金融、经济、会计、语言等就业较好，见效较快的专业或学科，不愿意选择思想政治教育或马克思主义理论这种长线专业，导致高校思想政治教育人才储备不足，准入门槛难以真正提高；二是这种理念必然会影响高校思想政治教育从业者的职业成就感和荣誉感，会加重他们的职业倦怠。

对于教育主管部门或高校管理者和决策层来说，功利主义教育理念的影响主要体现在对高校办学的评估标准和高校自身的办学整体布局上。在日常的管理工作中，教育主管部门最能影响高校办学和治校理念的就是制定若干高校办学评价体系，规定若干评价指标。从教育部到省级教育主管部门，它们关于本科评估、高职评估到科研成果核定等级和学科建设、办学经费下拨等规定的方案，其中的导向性非常明显，那就是朝短线、容易见物质化成果的专业和学科倾斜，而类似于思想政治教育及相关的哲学社会科学则明显重视不够。2005年以来，中央三令五申要重视大学生思想政治教育工作，受此影响，教育部及各省级教育主管部门对思想政治教育和马克思主义理论等专业相对重视，也出台了不少相关规定，但并没有完全改变那种功利主义教育格局。

受教育主管部门的指挥棒影响，同时也受教育功利主义化理念的影响，目前高校的管理者和决策者的办学和治校理念也表现出比较明显的重视专业教学、轻思想政治教育，重理工、轻文史，重智育、轻德育的倾向。有的高校在进行关系到学校发展方向的学科布局时，将大量的人力、物力和财力向所谓的"热门专业"，即就业好的专业倾斜，重点发展，而对思想政治理论课及其他哲学社会科学类课程，则认为是锦上添花的事，有成绩固然好，没有成绩也影响不大；有的高校管理者和决策者将思想政治教育工作简单地理解成学校的维稳工作，没有上升到为了学生的全面发展，保证高校的社会主义办学方向的大事去对待，甚至把这部分教师当作学校的"富余者"，造成只有那些教不了书的人才去从事这一类工作的错误印象和观点。这样一来，高校对思想政治教育队伍的建设很难会持续地予以关注，更别说倾斜了。

（二）高校领导与组织体制方面的制约

高校思想政治教育队伍是一个牵涉到学校多部门的集体，要推进队伍建设，必然也需要多部门形成合力。但是，从目前情况来看，在形成合力推进思想政治教育联合会建设方面,高校恰恰做得不够,存在各部门各自为战、力量分散、重复建设的问题。出现这个问题与高校自身的领导与组织体制有很大关系。按照相关文件规定,大学生思想政治工作应该是在高校党委统一领导下,各党政干部、共青团干部、学工口(含辅导员和班主任)、其他专任教师相互分工合作的模式。但是从许多高校当前的组织与管理体制来看,却是上面千条线、下面一根针的局面。也就是说具体的统一与协调基本只是在辅导员这一层级完成。上面依然是千条线,互不隶属,互不干涉。党委副书记(含二级单位党委或党总支)、辅导员、班主任、共青团负责学生的日常思想政治教育,校长、教务处、任课教师负责课程学习、招生就业部门负责招生和就业,其他部门及所属党政干部负责学校日常运转,基本不与学生发生直接联系。这样一来,队伍建设没有核心,无法实现统一协调。即使偶尔有集中起来,也是运动式的,非常态性。

(三) 教师自身主观努力不够

外因是条件,内因是根本。一切外力都要通过内因起作用。无论国家和学校对于高校思想政治教育工作和思想政治教育队伍建设多么重视,如果从业人员自己不重视、不积极努力配合,那队伍建设的所有举措都会落空。目前,高校思想政治教育队伍建设正存在类似问题,即有的思想政治教育者自己对工作不重视,对思想政治教育队伍建设不热心,甚至认为是花架子,与自己无关。如有的教育者不珍惜难得的职业培训机会,把它当成旅游和休息,有的党政干部认为抓队伍建设不讨好,见效慢,对学校和上级主管部门出台的各种有关队伍建设的规定执行积极性不高,有的从业者对大学生思想政治教育队伍建设的理论研究也相对滞后,总认为比不上专业科研意义大,等等。这些问题不解决,队伍建设肯定上不去。

第三节 高校思想政治教育队伍建设创新的策略

一、深化对高校思想政治教育队伍建设重大意义的认识

作为强化和提升大学生思想政治教育水平组织保障的高校思想政治教育队伍,是促进高校发展、维护校园稳定的中坚力量。扎实开展好高校大学生思想

政治教育的基本前提是要把高校思想政治教育队伍建设搞好，这对切实贯彻好十九大精神中的教育方针，进一步落实高校思想政治教育工作的各项任务，发挥着十分关键的作用。必须要有全局意识和战略意识，清晰认识在新时代背景下提升高校思想政治教育队伍建设的必要性和迫切性。习近平总书记在全国高校思想政治工作会议上也指出要从拓展选拔视野，抓好教育培训，强化实践锻炼，健全激励机制等几个方面，整体推进高校思想政治工作队伍建设。习近平总书记在学校思政课教师座谈会上强调，办好思想政治理论课关键在教师，关键在发挥教师的积极性、主动性、创造性。思政课教师，要给学生心灵埋下真善美的种子，引导学生扣好人生第一粒扣子，并对思政课教师提出了"六要"：政治要强，情怀要深，思维要新，视野要广，自律要严，人格要正。各高校的各级党组织、相关部门都要联系自身工作实际情况，扎实有效的推进落实。

近年来，作为高校思想政治教育队伍重要组成部分的专职辅导员群体在队伍建设方面方法得当，取得了不错的成绩，在实际工作中积累和摸索出了一系列行之有效的好方法好模式，确保了高校思想政治教育的有效开展。不过我们也不可以盲目自信，需要深刻意识到提高思想政治教育队伍建设水平的困难性和复杂性。从宏观层面上看，党的十九大报告中提出了"经过长期努力，中国特色社会主义进入了新时代，这是我国发展新的历史方位"，习近平总书记首次提出"新时代中国特色社会主义思想"。新时代中国特色社会主义思想是全党全国人民为实现中华民族伟大复兴而奋斗的行动指南，我们要将新时代中国特色社会主义思想传播给高校大学生，努力做到春风化雨、润物无声。这绝不仅是高校思想政治理论课教师和辅导员们的工作，而应当是涉及高校的各项工作，只不过高校思想政治教育工作队伍是主要力量。新时代的新形势给我们提出了更多更新的要求，而新时代背景下的高校思想政治教育队伍能否跟得上变化，迅速适应呢？从高校自身角度看，经历了近些年的迅猛发展，高校规模不断扩大，地域布局中存在"一区多校""一校多区"，后勤服务社会化，人才培养推行学分制，"同班不同学、同学不同班"等现象也愈发明显，这与传统的以班级为主体的学生管理模式大不相同，网络、自媒体等新兴事物发展迅速，网络思想政治教育越来越重要，学生教育管理和组织方式都出现了巨大的变化，这支高校思想政治教育队伍能否与这些变化相适应呢？从学生个人角度，高校大学生普遍来自于不同省市、不同成长环境，要面对空前巨大的社会竞争压力，学习、就业、生活等方面过重的负担与压力，导致了各式各样的异常思维和心理冲突，对高校思想政治教育工作提出了更具精确性和实效性的要求，我们的高校思想政治教育工作队伍能否达到这个要求？针对上述问题，我们要进行认真的思考并回答。与此同时,现阶段的高校思想政治教育队伍在素质能力、责任分工、结构人数、机制体制等方面还需要进一步提高来适应新时代的新要求。因此,一定要在过往的工作基础之上,凝心聚力,提高重视,着力为高校思想政治教育队伍打造一个做事有保障、晋升有路径的良好环境,充分调动其主观能动性和创新意识,不断提升高校思想政治教育队伍的综合素质和工作能力。

二、提升思想政治素质,加强师德师风建设

高校思想政治教育队伍需要在新时代的引领下不断地提升自身的专业性和先进性。在对党中央国务院最新出台的政策熟知的同时,将其渗透到对学生的思想政治教育中,从而及时帮助高校学生在面对复杂的文化冲击和多元化的经济发展情况下也能保证价值观,人生观和社会观的正确。首先,高校思想政治教育工作者作为引导学生树立正确思维意识的重要引路人,更是要为学生做榜样,深刻意识到高校思想政治教育队伍建设的重要性,通过调动自身的主观能动性去发挥出思想政治教育的最大价值。高校思想政治教师需要在课余时间多多观看中央电视台的节目,特别是新闻联播和焦点访谈,时刻关注当前党中央发布的最新政策号召,能够达到对政治时事了解熟知的目的,从而保证思想政治的先进性和独立性。通过观看时事新闻来丰富自己的思维,意识到高校建设思想政治教育队伍的重要性,同时通过转变以往对其错误的认识观念,也能提升自身的工作责任意识和使命感。高校思想政治教师对这一份工作要感到自豪,从而对高校思想政治教育的建设贡献自己的一份力量。与此同时,还要加强高校党委对高校思想政治教育的重视程度,那么高校党委需要积极提升高校师生的思想道德认知水平,从而在高校中形成一种良好的思想政治道德氛围。

(一)加强高校思想政治教育队伍的党支部和党员队伍建设

高校思想政治教育队伍的建立和成熟需要大量的党员来提升整个教师队伍的先进性和专业性,促使整个教育队伍的建设更加高效,也更能符合新时代对高校思想政治教育队伍的要求。首先,高校管理者需要注重其党员的培养,积极强化高校党员队伍源头建设,还要树立营造出良好的党组织和广大党员的形象,特别是对于一些道德品质较高的优秀中年骨干教师,学校管理者更需要激发这些教师的热情,带领中年骨干教师朝向党组织靠拢,通过党课、培训等方式来不断强化教师的爱党敬党意识。其次,高校思想政治教育队伍中还要吸收

更多青年来增添整个队伍的活力，高校管理者需要考察现有的青年教师中是否有品德高尚且爱党爱国，积极向党组织靠拢的优秀青年教师，将这些具有发展空间的年轻教师引入高校思想政治教育队伍中，从而加速思想政治教育党支部队伍的壮大，并对刚刚进入这一队伍中的青年教师进行马克思列宁主义，毛泽东思想教育以及习近平新时代中国特色社会主义思想的教育培训。辅导员群体由于工作性质的特殊性，均是党员身份，针对党员要建成保持党员先进性的长效教育机制。最后，要提升当前高校思想政治教育队伍党支部工作的规范化水平，严格落实好党员发展的各项工作流程，做到把好入口关，扎实开展好"三会一课"，充分利用好互联网平台，与时俱进打造出一批有特色的党建活动，保持党员先进性。党员作为整个教育队伍中的思想先进分子，也需要进行更加规范的工作，高校需要建立党委统一领导的相关机制，还要推广发展党员公示制来提高党支部队伍的规范化水平。

（二）提高高校思想政治教育队伍思想政治素质

高校思想政治教育队伍的建设帮助高校师生树立正确的人生观、世界观和价值观，防止西方势力和意识形态在高校学生中的渗透，其肩负的重任是不可小觑的，教育队伍的成员首先需要保持正确、先进、高尚的思想政治意识才能更好地引领学生形成符合新时代发展的思维逻辑。因此，提高高校思想政治教育队伍思想政治素质势在必行。要着重培养以下素质：强烈的政治责任感，要有奉献精神，全心全意培养教育学生，将思想政治教育育人工作作为神圣使命去开展。正确的政治认知，对马克思主义政治理论的掌握要扎实过硬，熟悉了解当下国家的政治制度及相关政策。坚定的政治态度，要具备敏锐的政治洞察力和鉴别力，遵守政治纪律，在大是大非面前保持正确清晰的政治立场以及坚定鲜明的政治观点。高校管理者需要了解队伍组成人员的心理动态，定期对高校思想政治教育队伍展开思想道德政治培训，促使其队伍的组成人员能够时刻保持先进的思想政治意识。除此之外，还要帮助其队伍的组成人员转变以往对其教育工作不端正的思想，通过建立健全监督机制或是考核来检验日常思想政治教育中其队伍成员的实际表现，从而达到提升高校思想政治教育队伍思想政治素质的最大目的。

（三）弘扬高校思想政治教育队伍的高尚师德

高校思想政治教育队伍需要肩负起整个高校学生思想道德培养的使命，作为高校教师队伍中的重要组成部分，其思想政治教育队伍同样需要发挥其高尚的师德。对此，高校应着重开展思想政治教育职业理想教育，培养正确的思想政治教育工作态度，与时俱进，不断调整教育理念。高校思想政治教育工作者们积极融入高校学生团体，通过良好的心态以及端正的教育态度来帮助学生缓解心理压力，扭转错误的思维意识。因此，高校思想政治教育队伍的组成人员需要在日常工作中增加与学生的相处时间，增加与学生的接触机会，思想政治理论课教师可以利用课前时间与学生群体交谈，了解其思想状况、心理动态，通过亲切的语言和关怀的口吻来拉近与学生的距离，与学生交朋友。辅导员则可以在学生日常学习、生活中做到"学生事无小事"，用工作中的真诚付出感染学生，从而充分弘扬其高尚的师德。

三、不断提升高校思想政治教育队伍专业素质能力

新时代提出新要求，如今高校思想政治教育队伍工作需要应对越来越复杂的国际社会环境，面对境外势力对高校学生的不断渗透，对高校思想政治教育队伍的专业素质能力提出了更高的要求。

（一）马克思主义学院、学工部等部门应加大对高校思想政治队伍建设支持力度

高校思想政治教育队伍需要在新时代的趋势下不断地提升队伍整体成员的专业素质能力，促使思想政治教育工作者都能凭借着丰富的知识储备量以及先进的思想意识来更好地引导高校学生形成正确的思想价值观。这就需要高校的马克思主义学院和学工部加强对高校思想政治教育队伍建设的支持力度。马克思主义学院作为高校内重要的思想政治研究阵地，有着丰富的理论知识储备，也能在第一时间了解实时的党中央国务院发布的最新政策及我国当前的发展局势，可以开展适合高校思想政治教育团队的专业能力的学习和培训。因此，马克思主义学院需要联合学工部共同加强其支持力度，号召并邀请现有的思想政治教育领域或马克思主义理论领域的专家学者对相关的理论基础知识进行培训和交流，学工部适当减轻辅导员的事务性工作，以便其有充足的时间精力参加培训，通过马克思主义学院专业教师的授课以及学工部的支持促使高校思想政治教育队伍的专业素质能力提升。

（二）支持开展高校思想政治教育队伍教育

高校思想政治教育队伍的建设不仅需要马克思主义学院以及高校学工部的

支持,更是需要其队伍自身的努力和改善,保证高校思想政治教育队伍的建设可以时刻保持专业性和先进性,才能充分发挥出其队伍建设的最大价值。因此,高校党委书记以及相关管理者需要重新审视高校思想政治教育队伍的人员组成,并了解当前队伍组成人员的专业能力以及道德素质,在对其队伍的整体情况有了大概的了解后,针对性的展开高校思想政治教育。适度进行资源倾斜,引起足够重视。高校党委书记以及相关管理者可以先对全体成员展开思想道德素质和职业素养培训,促使其了解自身工作的地位和价值,并对这项工作的具体工作职责以及需要达到的标准和水平向教师说明。再通过答卷考核环节来了解现有的思想政治教育队伍组成人员的专业能力情况,结合考核结果将思想政治教育工作者分类,并对其展开专业技能培训,针对当前思想政治教育队伍专业知识中薄弱环节进行重点培训,避免再次出现知识上的盲区。并在阶段性的培训后,对其思想政治教育工作者展开考核,检验其阶段性的培训成果,将考核成绩与人事考核、提职晋升相关联,对于多次考核成绩不理想,态度不端正的思想政治教育工作者移除高校思想政治教育队伍。

四、进一步完善高校思想政治教育队伍的各项机制

在新时代的背景下,习近平总书记曾提出"要深化人才发展体制机制改革,最大限度把广大人才的报国情怀、奋斗精神、创造活力激发出来"。高校应当把思想政治教育队伍建设作为学校队伍建设工作的重点来抓,在选拔与招聘、培训与晋升、管理与考评等方面努力完善机制建设,探索出高校思想政治教育队伍建设的长效机制。

(一)规范准入机制

专业的高校思想政治教育队伍需要各种严明规范的管理机制来约束,促使其队伍得以呈现出高效建设的态势。那么高校党委书记以及相关管理者需要严格控制规范思想政治教育队伍的准入机制,提升准入门槛,保证入职的思想政治教育工作人员无论在思想意识上还是专业能力上都能符合其团队建设的需求。在对思想政治理论课教师、辅导员展开招聘的过程中需要对薪资待遇以及工作内容做到实事求是,还要完善招聘环节,在学历以及政治面貌达标后,通过笔试和面试的双重考核来提升招聘的科学性。对于笔试环节而言,内容需要涵盖思想政治教育理论知识、马克思主义理论相关知识等,也可以拟出思想政治教育工作者需要掌握和了解的思政内容和时事新闻,辅导员选拔笔试中还应

当有案例分析类型题，考察应聘者解决实际问题的思路、意识、逻辑等综合能力。通过笔试进入面试环节的应聘者则需要接受学校相关领导以及党委书记的共同面试，通过观察其言谈举止和表达能力以及思想意识来衡量应聘教师实际开展思想政治教育工作的能力，从而判断其是否能够通过面试进入到高校思想政治教育队伍中。通过这一严明规范的准入标准来确保入职人员的基本素质能力、责任意识及工作态度，也能为思想政治教育队伍的建设注入可靠的新鲜血液。

（二）优化考评机制

高校管理者以及党委书记需要充分意识到考评环节对构建高校思想政治教育队伍的价值，从而优化考评机制，促使考核过程的严谨、考核内容的恰当、考核结果的真实以及评价的客观性。首先，高校思想政治教育队伍的相关负责人需要完善考核内容，结合国务院、教育部对高校思想政治教育队伍提出的要求以及高校的实际发展情况来制定针对性的考核内容和考核指标，确保其指标设置的精准性和合理性。定期评估思想政治理论课教师的授课情况、育人情况，评估辅导员的工作开展情况和学生满意度。进一步优化考评制度，从负责学生人数、育人具体情况、科研学术水平、师德师风情况等多维度进行考评，制定考评体系时要广泛征求意见，随着实际工作的变化，要随时更正和调整考评制度，比如时下网络思想政治教育正逐步占领思想政治教育的主阵地，高校就可以将开展网络思想政治教育的方式及效果加入到考评机制当中，使思想政治教育工作者努力的方向紧跟时代潮流。其次，要保证整个考核过程的真实和透明，选择公平公正的考核人员，客观对待思想政治教育考核，促使考核结果更加真实可靠，在成绩公布后，欢迎接受考核的思想政治教师对考核过程以及评判标准进行浏览，若有异议可以立即向相关负责人反映，等待负责人给出明确的答复。同时，对考核结果通过奖惩机制体现，要让考评结果与职务晋升、职称评定、薪资待遇等问题挂钩，对于考核成绩优异的教师给予表彰和物质奖励，有利于激励高校思想政治教育队伍。同时，可以在一些政策上向考评优秀的思想政治理论课教师和辅导员们倾斜，比如一些读博、留学等深造的机会、团校、党校等骨干进修的机会、到地方挂职或其他机关部门借调的机会等。同时，针对考评不达标的教师要予以相应的处罚措施，严重者可以调离思想政治教育队伍，从而提升队伍的专业素质能力。对于考核后的各项评价指标数据也需要做客观的分析和研究，认真分析考核中高校思想政治教育团队中仍存在的不足之处，了解不足的成因，并在后续对思想政治教育工作者培训时着重完善弥补。

（三）健全保障机制

高校思想政治教育队伍的建设需要内部组成人员思想意识的先进正确以及专业能力的达标，同时更离不开高校有关部门对其队伍建设提供的完善保证机制作为后盾，为思想政治教育工作者的发展晋升保驾护航，解决后顾之忧。因此，高校管理者需要树立正确的意识观念，正视高校思想政治教育工作者对工作的付出和努力以及贡献的价值，提升高校思想政治教育队伍成员的基本工资，对思想政治理论课教师转变以往与其他专业课教师一样的课时计费待遇，并适当的增加课时费，还要注重团队成员的教学效果，按照教学效果以及为学校贡献的价值来计费，尊重教师的精神方面的付出，并以薪资待遇体现出来；对辅导员，适度考虑辅导员利用非工作时间开展活动、处理学生紧急事件的情况，予以加班补助，优化其工作环境，利用网络和其他高科技手段来减少辅导员的工作量，创造较为宽松的工作环境。

与此同时，还要对现有的高校思想政治教育队伍的成员进行职业生涯规划，结合其成员的性格特点、工作能力以及对未来的期望来制订具有可行性的规划，与其成员共同完善生涯规划内容，提供较为完善的分流机制让高校思想政治教育队伍的成员能够意识到这一份工作的前景以及未来客观的发展方向，也能提升自身的工作效率。最后，高校思想政治教育队伍建设的相关负责人需要进一步明确高校思想政治教育队伍成员的社会地位以及在高校中的地位，扭转以往思想政治理论课教师以及辅导员不受重视的局面，通过网络新媒体平台和召开全校的座谈会等方式来让全校师生认识到高校思想政治教育队伍在学校中的地位，从而让思想政治教育队伍的组成人员提升对工作的使命感和自豪感。

第八章　高校思想政治教育的环境建设创新

高校思想政治教育环境是影响大学生思想政治品德形成与发展，以及影响和制约大学生思想政治教育活动开展的一切外部因素的总和。这些外部因素很多，也很繁杂，研究分析各种环境因素对大学生思想政治教育产生的积极或消极影响，进一步探究如何避免或者消解消极影响，发挥或者扩大积极影响，为大学生思想政治教育助力，以期收到更加凸显的教育效果。

第一节　高校思想政治教育环境建设的基本理论

对于高校思想政治教育环境的把握，还需从以下几个层次阐释。其一，思想政治教育环境与大学生的思想政治品德及思想政治教育活动是相对应而存在的；其二，影响高校思想政治教育环境建构的诸要素是互为作用的；其三，高校思想政治教育环境复杂多样，其建构不能单靠某一力量，还需社会、学校、家庭的多方通力合作，共同推动积极和谐的高校思想政治教育环境的构筑。

一、高校思想政治教育环境的特点

高校思想政治教育环境系统的构成要素，一方面，各自具备区别于其他构成要素的特殊性；另一方面，各个构成要素之间又存在很多相似之处，而这些相似之处或共性恰恰构成了高校思想政治教育环境系统的特征。研究高校思想政治教育环境系统的特征，对于明确高校思想政治教育环境系统的本质属性及内部结构，更好地利用并优化环境系统具有重要意义。

（一）复杂性

大学生思想政治教育环境系统的复杂性一方面表现为其构成要素的复杂性，根据不同的划分标准，可以将环境划分为自然和社会的、物质和精神的、历史和现实的、国内和国外的、宏观和微观的。另一方面表现在对其构成要素的本质属性进行辨别的复杂程度上，在这种对外开放的环境中，经济要素在全球范围内自由流动，特别是在信息网络化的条件下，各种观念四处流传扩散，信息良莠不齐，这些不同性质的环境因素总是混杂在一起，非常容易使处于复杂环境系统中的大学生辨不清真伪，分不出是非，以致大学生在思想道德方面出现认知偏差，道德行为方面出现失范现象，甚至部分大学生会误入歧途，走上违法犯罪的道路。

(二) 整体性

高校思想政治教育环境结构的整体性是大学生思想政治教育环境系统存在和发展的基础，主要表现为有机性与统一性。首先，高校思想政治教育环境系统的构成要素相互协调，不可分割。尽管该系统的构成要素可以根据不同的标准划分为不同类型或不同部分，但这种划分也仅限于理论上，实际上高校思想政治教育环境系统的各个构成要素不可能完全割裂开来，每一个构成要素都会受到其他要素的影响。社会环境、学校环境以及家庭环境尽管各有差异，存在矛盾冲突，但是这些构成要素在产生作用的过程中又表现出了同一性，这就表明各构成要素可以自行协调矛盾对立的一面，最终形成合力。其次，高校思想政治教育环境系统在其作用的方向以及作用的方式上具有统一性。环境系统内部诸要素的作用方向及作用方式有很多种，相互对立的要素在经过相互斗争之后，双方的力量对比发生变化，那些与思想政治教育环境作用的主导方向相对立的构成要素被削弱，甚至被环境系统排除在外，最终实现高校思想政治教育环境系统的统一性。

(三) 育人性

思想政治教育环境有较强的育人作用，随着环境的变化和不断更新，思想政治教育环境带来的影响越来越受到大众的肯定和关注。育人性包括正面育人和反面育人，由于思想政治教育环境无时无刻存在我们的生活中，大学生能用肉眼直观看到环境带来的影响。当共同生活群体的优秀人员的优异的成绩、良好的道德品质、言行举止等得到大家的肯定，受到大家欢迎和表扬时，这能给受教育者无限的动力，使受教育者朝着目标奋发进取；相反，一些不良行为、不符合社会规范的举止会受到大家的唾弃、指责，使人在倍感压力下不断的严格要求自己，督促自我规范自身的言行，从而达到育人的目的。思想政治教育的育人性还体现在无形的、潜移默化地让受教育者接受教育，这种教育方式不用特意组织传道授业,也不用苦口婆心的进行说教,而是在特定的环境、特定的场景下产生导向作用,从而在生动的画面中熏陶每一位受教育者,让大学生在不知不觉中不断地提升自我,规范自我。

(四)可控性

高校思想政治教育环境系统是一个可优化、可改进的系统。历史唯物主义认为,社会存在决定社会意识,社会意识也可以反作用于社会存在。我们可以根据一定的目的和计划去优化一定范围内的环境,使得一定范围内的环境要素符合思想政治教育活动的需要。高校思想政治教育环境发展的方向具有可选择性,运动状态具有可变性,虽然环境所起的作用在一定程度上具有自发性,但是环境是可以被改变和控制的。我们对环境进行优化改造的过程也是接受环境熏陶的过程,因此必须积极主动,而不能只是被动接受。通过环境改变后反馈的思想政治教育效果信息来进一步改进高校教育环境,使之处于最佳状态或保持环境系统的相对稳定性。

二、高校思想政治教育环境建设的意义

(一)有利于促进大学生思想政治教育的有效开展

习近平总书记指出:"教育是民族振兴、社会进步的重要基石,是功在当代、利在千秋的德政工程。"环境对大学生产生重要影响,相应地,环境的变化也会引起思想政治教育的改变,为思想政治教育工作提供条件。改革开放以来,社会发展取得巨大成就的同时,大学生思想政治教育也在不懈的努力探索中效果显著。例如,大学生思想政治教育的教学目标、实践方式等日渐走出固定化僵局,遵循思想政治教育规律,将立德树人作为根本性任务;新媒体的出现为大学生思想政治教育提供了巨大的便利,不仅丰富了思想政治教育方式,还提高了思想政治教育影响力。不可否认,积极和谐环境下的思想政治教育优势显著,既开拓出大学生思想政治教育新视野,促进高校思政课发展,又增强了大学生思想政治教育实效性,完成培育时代新人的重任。

(二)有利于实现大学生思想政治教育的根本目标

"我国的思想政治教育以共产主义为方向,直接作用于人的思想品德,是培养人的思想政治素质的活动"。我国思想政治教育的社会目标是提高思想道

德素质，促进人自由而全面的发展。思想政治教育的社会目标可以分为无数个具体目标，个人众多的具体目标又可以逐步达成思想政治教育的社会目标。可知，思想政治教育的社会目标与个人目标是相互依存、相辅相成的。思想政治教育的社会目标随着外在环境的变化而变化，换句话说，思想政治教育环境影响着思想政治教育目标的确立。因此，开展大学生思想政治教育，一方面，要将思想政治教育的社会目标与个人目标统一起来，用社会目标引领个人目标；另一方面，必须做好环境的优化，将大学生的思想政治教育置于社会大环境中，为大学生思想政治教育的平稳有序运行保驾护航。

（三）有利于完成高校立德树人的根本任务

"德因人而立，人因德而树"，立德树人存在于特定的环境中，也因环境的变化而被赋予新的时代内涵。对大学生思想政治教育环境规律与特性的运用程度制约并影响着立德树人根本任务的实现效果。积极健康的环境能够帮助大学生树立社会主义核心价值观，强化思想科学信仰，铸造立德树人之魂，同时对提高大学生思想政治教育的实效性、落实高校立德树人的根本任务尤为重要。马克思和恩格斯认同人也是环境的一部分，而环境对人的影响，很早就受到人们的重视，因此，环境的重要因素是人。而对大学生思想政治教育起重要影响的人是思政课教师。作为一名思政课教师思维要新、视野要广、政治要强、情怀要深、自律要严、人格要正。只有这样的教师，才能借由新时代的优势，发挥扩大思政课的积极影响，并通过对大学生环境的日臻完善，对大学生思想政治教育环境规律与特性的准确把握，推动高校立德树人根本任务的落实与完成。

（四）有利于增强大学生思想政治教育的效果

经济学家茅于轼说过："外界心理暗示的反复作用，可以使印象得到巩固，人们的行为规范就会渐渐跟着改变。"当个人无论做出领先道德行为还是自私自利的举动时，别人往往会跟着效仿。环境在影响个人的道德认知、道德判断、道德选择和道德行为中起到积极而稳定的作用，直击心灵，引发思考，引领践行。思想政治教育有很多路径，无论是课堂上的，还是家庭里的，都有一定的效果，但是，有时效果较脆弱，倘若重视环境的教化作用便能愈加增强这个效果。因此，思想政治教育的过程便需要相应的环境的帮助和引导。如果每个大学生都能具有高尚的道德素养、坚定的理想信念，并凭借新时代中国特色社会主义有利环境的良好指引，那就会有更多的大学生群体加入进来，形成良性循环,完成对思想政治教育环境的优化,促使思想政治教育效果逐渐增强。

第二节 高校思想政治教育环境建设现状分析

随着经济全球化和社会主义市场经济的发展,高校思想政治教育环境产生了一些新情况、新问题。理性地面对这些新问题,是分析、找出并解决问题的关键。

一、高校思想政治教育的社会环境存在的问题

(一)经济环境的变迁对思想政治教育的弱化

我国启动社会主义市场经济体制改革以来为思想政治教育环境建构带来积极影响的同时,也不可避免地产生了消极影响。社会主义市场经济具有市场经济的特征,自然有逐利的功能,如果相关的制度、法治建设跟不上,便会衍生非正常方式的逐利,从而导致拜金主义风气滋长,对思想政治教育产生一系列消极影响。"毒奶粉事件""电信诈骗"都是利益驱使的违法犯罪行为。单纯逐利除了助长逐利手段的异化还会导致收入的两极分化,对思想政治教育产生弱化的影响。大学生在这些负面效应的作用下,未能树立起科学正确的价值观念,一定程度上局限了思想政治教育功能的发挥。

(二)文化环境的变迁对思想政治教育的弱化

改革开放之前,主要以中国的文化为主,包括传统文化、革命文化以及建设时期文化,他们有着强烈的中国文化色彩,但随着改革开放的到来,西方文化通过经济活动等渠道逐渐进入我们的文化中,势必会对我们原有的文化造成冲击。有时大学生既受中国文化的影响,又受西方文化的影响,在这种文化冲击的背景下,大多数人仍坚持中国文化,但少数人由于辨别能力弱以致在西方文化的影响下忽视中国文化,所以思想政治教育的效果也会截然不同。西方价值观不断冲击着大学生的思想观念,对高校的思想政治教育产生阻力,阻碍大学生形成正确的价值观念。例如,我们主张"集体主义"而西方文化可能强调"极端个人主义",我们主张建立"社会主义核心价值观"而西方文化中有的观念追求"享乐主义"和"拜金主义"。大学生在这些西方价值观的负面影响下,

一定程度上动摇了其正确的思想观念的形成和坚定的理想信念的培育，导致大学生思想政治教育效果不够明显。

（三）大众传媒的迅速崛起对思想政治教育的弱化

大众传媒的迅速崛起是一个环境的变化，会形成大众传媒环境。第一，大众传媒为人们随时了解信息提供有效渠道，但其自身的产业属性、商业性质使得大众传媒乐于向人们传播娱乐性强、商业化高的文化，忽略弘扬社会主旋律，对大学生思想政治教育造成冲击，不利于思想品德的发展。第二，大众传媒使用不当，肆意传播歪曲事实信息，引发公众对道德的若干思考，干扰他们的道德观和价值观。大学生是大众传媒的受众群体，明辨是非能力较弱，极易被不良信息诱导，进行转发和评论，影响道德意识、价值取向，不仅让之前的思想政治教育成果几乎付诸东流，而且极有可能形成逆转。

二、高校思想政治教育的学校环境存在的问题

高校是大学生接受思想政治教育的主阵地，是为国家培育社会主义接班人的主要场所，目前高校存在下面一些不利因素。

（一）对校园物质环境与人文环境重视程度不够

首先，部分校园内部缺乏带有文化意蕴的标志性建筑，比如校园中别具特色的文化长廊、能够反映光辉校史的人物雕塑以及发人深思的文化标语等。另外，部分学校建筑物内部的陈设较为单一，缺乏文化底蕴。校园的一草一木、一花一树的安置都应蕴含高校特有的用意，让学生在一个带有浓厚文化气息的校园中学习、生活，必将对大学生的思想品行产生重要的积极影响。

其次，部分学校的校风、学风以及师德建设不尽如人意。第一，部分学校校风已经发生扭曲，学校成为公关、社交乃至行贿受贿的场所，学校新建的楼越来越高，内部装饰越来越奢华，校领导基本放下了笔杆子，发言稿全部由专门人士负责，学校俨然已经不是搞学术、搞研究的好去处。第二，部分学校的学风不正，由于部分大学生学习质量差总是抱有混日子、等毕业的态度，通过作弊、抄袭等行为敷衍学校测评，这样就使得学风败坏，很容易对其他同学产生不良影响。第三，部分学校的师德建设不尽如人意。近年来，频频爆出大学生或研究生自杀事件，这与教师师德欠缺，没能及时、正确地疏导学生，缓解他们的压力有一定关系。教师作为人类灵魂的工程师，更要提升自身的师德修

养,用自己强大的人格力量去感染更多的学生。

(二) 部分教育工作者自身素质水平低,教学态度有待提高

教师承担培育新时代社会主义建设者的光荣使命,然而部分教师存在自身素质水平低的问题,严重影响了教师对学生的教育效果。与其他职业相比,教育工作者作为大学生的一面镜子,在道德品质方面要求更高,需要树立行为典范。然而,有的教师举止不文明,例如上课期间吸烟、衣冠不整、语言粗俗等;有的教师自律意识薄弱,要求大学生遵守的规章制度自己却做得不到位,导致大学生并不服从教师的管理。

此外,由于受到市场经济的影响,部分高校教师仅仅把教育事业看作是谋生的手段,甚至把主要精力用在与取得切身利益相关的事物上,对大学生教育投入有限。高等教育的本质是做人、做事、做学问,育人才是根本目的。作为高校教师应当首先注重大学生人生观的树立,培育大学生自主学习的精神,使得大学生掌握科学的学习方法。部分高校教师忽视大学生思想政治教育,只关注大学生专业知识的学习,对其道德发展状况漠不关心,认为思想品德的培育是辅导员的工作。

(三) 情境教学缺失

高校对课堂教学情境的建构没有充分体现主阵地作用。情境是环境的子系统。有的高校和教师并没有把情境教学作为思想政治教育的方式广泛应用到课堂中,相应情境体验教育的缺少,加上教师灌输式教课方式,自然无法为大学生营造良好的课堂氛围;有的高校和教师虽然建构了教学情境,但学生在课堂上就是扮演"听众"的角色,参与度不强,师生互动交流甚少,学生更是无法感知、理解教学内容;有的高校课堂教学情境建构过于单薄,理论知识本就枯燥乏味,教学情境的设置也不够吸引人,使得思想政治教育功能无法充分展现,高校也就难以凸显其作为思想政治教育主阵地的重要作用。

三、高校思想政治教育的家庭环境存在的问题

父母是孩子的第一任老师,父母对孩子综合素质的重视和培养对他们的思想政治品德的形成起着基础性作用,进入大学后,家庭教育对大学生的综合发展仍然发挥着重要作用,然而,家庭教育在实施教育过程中存在某些不尽人意的现象,主要体现在家长自身教育理念和教育方式存在偏差。

(一) 家长重才轻德观念严重

在当今竞争激烈的社会,部分家长认为大学生成才的标志是具有高学历高智力,他们只在乎孩子取得了怎样的学历,而对于政治思想品德的教育几乎完全忽视,甚至认为大学生在高校只要取得优异成绩即可,不重视对大学生与人交往能力、自身道德水平的培育,对大学生理想信念的教育严重缺乏。科学的教育理念不仅仅是指对大学生的道德和智力同时进行开发,还指对大学生兴趣的培育。部分家长对大学生的期望过高,过早的为子女设计了人生规划,但是却忽视他们的兴趣和爱好,久而久之,势必对大学生产生消极影响。

(二) 部分家长教育内容不正确

在市场经济环境的背景下,部分家长灌输大学生利己主义思想,引导大学生在处理问题时把自身利益放在首要位置,不顾他人的感受,忽视他人的利益,使得其在竞争中缺乏合作精神,产生个人主义的思想,道德观念也随之淡化,甚至个别大学生在某些问题上出现为达目的不择手段的思想表现。阿尔弗雷德·阿德勒说:"我们的教育都太注重个人的成功,都太强调我们能从生活中获得什么,而不是我们能付出什么。"这种教育直接阻碍大学生形成良好品格,甚至促使大学生形成个人利己主义、彻底忽视集体主义的思想。

(三) 家长言传身教不到位

家庭教育在大学生的思想政治教育中占据主要地位,家长的一言一行、一举一动都深深地印在大学生心里,只有家长做到言传身教,大学生的思想政治教育才能发挥更好的效果,然而,家庭教育中存在一些不尽如人意的现状,致使家长榜样教育发挥缺失。部分家长言传身教不到位,没有发挥带头作用,没有对自身进行约束,违背教育宗旨,例如,家长时常教育子女要尊老爱幼,孝敬父母,而自身却没有做到赡养父母、孝敬父母的义务,对父母冷言冷语,漠不关心;家长经常教育子女做人要有责任感,而自身却没有尽到父亲的责任、家长的责任、丈夫的责任,做出一些违背家庭道德伦理的事;家长教育孩子不可以抽烟酗酒,而自己却时常以抽烟喝酒为乐。大学生的价值观尚未形成,对是非判断能力有限,他们接受家长的教育,对家长的教育内容深信不疑,而当家长的言行举止表露在他们的眼前时,会产生一定的心理差距,甚至对家长的教育不屑一顾,凭借自己的感觉做事。家长言传身教不到位,没有做到言出必行,长此以往导致大学生对家长失去信任,家庭教育不断弱化,而思想政治教育不仅是学校的责任,更是家长的责任,家长没有树立好榜样作用,会削弱家庭教育的效果。

第三节 高校思想政治教育环境建设创新的策略

环境始终贯穿于大学生的学习生活中,社会环境为大学生提供了很多实践基地,让大学生在实践中将理论知识进行转化;学校环境为大学生提供了良好的学习氛围,以便其获取丰富的知识;家庭环境对教育的重视和支持为大学生的求学之路提供保障。从目前的形势来看,环境对大学生的影响是积极的,健康向上的,但是不可避免也存在一些问题需要进一步对思想政治教育环境进行优化,更需要社会、学校、家庭等共同努力。

一、优化高校思想政治教育的社会环境

社会环境在个人的发展过程中起关键性作用。社会环境良好,个人也会在这种环境的影响下,不断成长成为拥有良好道德品质和科学世界观的社会有用人才。正如荀子所说:"蓬生麻中,不扶而直;白沙在涅,与之俱黑"。可见,社会环境对大学生思想政治教育的重大影响。

(一)加强法治建设和道德建设,进一步优化经济环境

我国推进社会主义市场经济体制改革以来取得了举世瞩目的成就,社会主义市场经济从本质上来说是法治经济,必须依赖于法律的保证和支撑才能发展社会主义市场经济。而社会主义市场经济最为突出的特征就是利益最大化,一旦涉及利益,就必然存在着冲突,就像马克思和恩格斯所说,"每一既定社会的经济关系首先表现为利益",而"正确理解的个人利益,是整个道德的基础"。要想为大学生建构一个和谐而又稳定的思想政治教育环境不仅要依靠强而有力的法治保障,还有赖于一定的道德保障。

加强法治建设,国家应当通过出台多项法律法规,以法律的国家强制力来约束人们的行为,构筑不可逾越的"雷池"和"底线",使得人人都能按照法律法规办事,有效避免犯罪,具有强大的震慑效果。《公民道德建设实施纲要》规定:"通过公民道德建设的不断深化和拓展,逐步形成与发展社会主义市场经济相适应的社会主义道德体系。"

应加强道德建设，国家通过号召公民树立道德素养、遵守行为规范，营造社会主义道德风尚以约束人们的言行举止，构建精神上的秩序，从而升华人们的品质，保证社会主义市场经济的有序运行。

加强法治与德治建设，在全社会建立社会主义法治体系与道德规范体系，使得大学生的思想政治教育的社会环境渐趋完善，为思想政治教育的实施缔造基础，树立根本。

（二）传承和弘扬中华民族优秀传统文化

习近平总书记提到："没有文明的继承和发展，没有文化的弘扬和繁荣，就没有中国梦的实现。"传承和弘扬中华民族优秀传统文化，要在尊重传统文化的基础上，将传统文化与思想政治教育有机结合，并赋予其新的时代内涵。

首先，传承传统文化，拓宽大学生思想政治教育的内容。其一，传承儒家的义利观，培养大学生正确的义利意识。《论语·里仁》记载："君子喻于义，小人喻于利"。可见，传统儒家的义利观影响着我国思想道德体系的建立，并发挥着不可替代的作用，是推进大学生思想政治教育的重要一环；其二，传承儒家的生死观，培养大学生积极的人生态度。据《孟子·告子上》记载："生，亦我所欲也；义，亦我所欲也。二者不可得兼，舍生而取义者也"。传统儒家的生死观传达的积极向上的人生态度对大学生树立正确的价值观具有重大导向作用，是思想政治教育的重要践行内容；其三，传承儒家的公私观，培养大学生优秀的道德品质。孔子强调的"为政以德"，仍然适用于当代社会，而个人主义公私观折射的"极端个人主义"则遭受批判与摒弃，对培养并强化大学生集体主义意识，培育并升华大学生思想道德认知发挥着正面的影响。

其次，弘扬传统文化，彰显大学生思想政治教育的时代特色。传统文化作为思想政治教育的重要载体，仅靠理论传承略显单薄，还要对传统文化进行弘扬。弘扬传统文化，最佳途径就是传统节日的创新。但快节奏的生活、过大的压力及西方节日文化的侵蚀，使得传统文化逐渐淡出人们的视野，并被当作是假期、休息的日子，忽视了传统文化的内涵。因此，要坚持创新理念，转变对待传统节日的态度，赋予传统节日新的时代内涵。例如，政府应当把更多传统节日纳入国家法定节日的总体规划中，既强化了大学生对传统节日的积极认知，又为其与家人共度佳节提供契机；还要利用大众传媒的舆论影响力加大对传统节日的宣传力度，由专门介绍各地传统节日的栏目，到当地采景并邀请从事传统节日研究的专家学者与大学生进行交流，让其身临其境了解传统节日的独特魅力。传承传统文化，优化大学生思想政治教育的文化环境，以传统节日文化的魅力，滋养大学生的道德品行，加快开展思想政治教育的步伐。

（三）培育和践行社会主义核心价值观

习近平总书记指出："青年的价值取向决定了未来整个社会的价值取向，而青年又处在价值观形成和确立的时期，抓好这一时期的价值观养成十分重要。"树立科学的价值观影响着大学生对思想道德的正确认识。因此，培育和践行社会主义核心价值观，是社会和政府必须要承担的重要责任。

经济全球化的快速发展我们不可否认，但我们绝不认同政治和文化的一体化发展，当前，各种文化交流碰撞，我们必须坚守自己所奉行的价值观。所以，政府要在坚持马克思主义意识形态为主导的基础上，对大众传媒和互联网进行有效监管，优化舆论环境，并依托互联网等自媒体的积极效应，将社会主义核心价值观融入社会生活，让崇德向善、见贤思齐蔚然成风，从而引领大学生树立正确而科学的价值观，并把社会主义核心价值观以润物无声的方式浸润到大学生生活的方方面面并转化为日常的行为规范，不断锤炼大学生的品格修养，使其自觉奉行，助力思想政治教育的有序运行。

（四）发挥大众传媒的正向引导作用

大众传媒正潜移默化地改变着人们的生活方式及思想观念，大众传媒应用得当，会强化思想政治教育影响，反之则会削弱甚至抵消。因此，应发挥大众传媒的正向引导作用，加大对网络传媒的监管力度，着力打造健康的网络舆论环境。

大众传媒是文化宣传的重要渠道，它以传播速度快、范围广的优势，将思想品德渗入到大学生日常生活中，并通过这一重要传播载体，加强对大学生思想道德的宣传，进而在全社会渲染出良好的思想道德氛围，使思想政治教育收到极佳的效果。如，利用大众传媒组织开展思想政治教育专题讲座，将广大思想政治教育工作者集中起来，共同为建构良好的大学生思想政治教育环境，提高思想政治教育的实效性建言献策；各电视台可以通过播放"榜样"专题节目，用榜样力量引导大学生不断提升道德意识、塑造道德品质等。

习近平总书记强调："无论什么形式的媒体，无论网上还是网下，无论大屏还是小屏，都没有法外之地、舆论飞地。主管部门要履行好监管责任，依法加强新兴媒体管理，使我们的网络空间更加清朗。"可见，大众传媒的正向引导，还应立足于相关法律法规的建立。对于不良信息的散播，政府要加大监管力度，对肆意散播不实内容的传播者制定相应的法律法规加以约束和规范，建立健全网络道德规范体系,保证传播内容的真实、可靠、合法,从而优化大学生思想政治教育的网络舆论环境。

此外,还应重视加强媒体从业者的自律性。媒体从业者作为信息发布的重要人员,其职业道德修养将对传播内容的真实性产生直接影响,因此,政府要强化对媒体从业者的监督和管理,明确自身"喉舌"角色意识,重视发展思想政治教育和职业道德教育,净化舆论环境,用健康的社会舆论带动大学生正确道德观念的形成,推动大学生思想政治教育有序开展。

二、完善高校思想政治教育的学校环境的教化功能

高校不仅要在大学生的思想政治教育过程中注重发挥自身的主渠道作用,还要重视其环境教化功能的实现。因此高校要通过构建良好的校园环境,在发挥环境教化作用的基础上,培育大学生的思想政治品质,进一步开展大学生思想政治教育。

(一)重视校园物质环境的熏陶感染作用

捷克教育家夸美纽斯强调:"学校本身应当是一个快意的场所,教室清洁明亮,饰以地图、图表和伟人画像,并有可供游戏、散步的空地,可供欣赏的花园,使学生来到学校就感到快乐。"良好的校园物质环境可以在潜移默化中引导大学生主动提升道德认知、自觉践行道德行为。

首先,重视校园物质环境的整体规划。高校在进行教学楼修建、植被绿化等物质环境建设时,除了保证各要素协调发展还要对其合理规划,使校园环境在整体上呈现出和谐的效果。此外,对于校园建筑及设施的规划建设,高校要全方位考虑,包括长短期目标、发展规模、资金情况等,统筹规划教学楼、体育馆、宿舍楼、操场等建筑,着手打造布局合理、规格高端的优质校园环境,为大学生学习科学文化知识,坚持正确的理想信念,培育良好的校园风尚,增强思想政治教育的影响力打好基础。

其次,突出校园人文景观的熏陶感染作用。苏联著名教育家苏霍姆林斯基强调:"让学校的每一面墙壁都开口说话。"凝聚力与感染力强的人文景观,于润物无声中影响着大学生品格的塑造。高校应当在校园添置体现其历史文化和办学特色的文化景观装饰。如,在不破坏、不污染环境的前提下添加彰显高校人文底蕴的石碑、雕塑、假山等设施;或通过在教学楼、图书馆等学习氛围浓郁的场所悬挂名人画像、榜样前辈、名人谚语等文化作品的方式为大学生建构

一个健康有益的校园环境，使得生活在这种环境下的大学生无形中受到积极向上的校园氛围的熏陶和感染，精神世界得以升华；同时必须大力打造教室文化，使其呈现出高层次建设水平，推动大学生思想政治教育的平稳实施。

（二）彰显校园文化环境的思想政治教育功能

习近平总书记强调："要更加注重以文化人、以文育人。广泛开展文明校园创建，开展形式多样、健康向上、格调高雅的校园文化活动，广泛开展各类社会实践。"健康有益的校园文化使得大学生情操得到陶冶，意志得到锻炼，是实施大学生思想政治教育的重要途径，因此高校要重视校园文化的育人作用，保证思想政治教育功能充分发挥。

首先，开展积极的校园文化活动。高校要充分意识到校园文化对大学生思想品德的渗透性作用，通过举办融思想性、知识性、趣味性于一体的文化活动，如，大学生艺术节、知识竞赛、学术讲座等艺术活动，既培养了大学生的自我认知与个性发展，又增强了学术精神、合作与竞争意识，有利于大学生健康人格的塑造。

其次，创建积极的课堂文化。课堂上教师赋予大学生的不仅仅是理论知识，更关键的是思想品德教育。教师应真正承担教书育人的责任，不断更新完善知识储备，与时俱进，把思想政治教育与社会生活融会贯通，通过课堂交流互动与大学生建立良性的师生关系，进而对大学生的思维方式、行事作风予以启发和引导，培育大学生积极的品质。

再次，营造积极的学习风气。彰显高校精神的校园文化必定能够激发全校师生的工作、学习热情，有了良好的教风、学风的指引，高校便会营造出一种积极的学习风气，激励大学生端正学习态度，不断提升对思想道德品质的认知能力，经过锤炼意志、坚定信念的努力，逐渐强化思想道德践行能力。

（三）加大人的环境的建构及优化

卢梭在《忏悔录》中说过，孩子本性善良，是败坏的社会让人丧失了自然的纯洁和美好，同时认为人能够在败坏的社会里寻找人性的善良和美好，并提出具体路径。可见，环境是良好的教育资源，因此高校应当加大人的环境的建构及优化，培养大学生良好的道德品格以支撑环境。

清华校长梅贻琦说："大学之大，不在于大楼之大，而在于大师之大。"一名杰出的人民教师应当时刻铭记教书育人的重要使命，以自身高尚的道德情操感染大学生。作为建构思想政治教育环境的重要部分，教师对大学生思想品德养成的积极影响极为深远。

首先,教师应做好课前导入,以丰富多彩的教学形式,引导大学生将视野集中到课堂思想政治教育中来,让他们自觉学习思想政治理论并付诸行动;教师还可以在课堂组织开展道德问题的辩论赛,不仅提高大学生的思想觉悟和认知能力,还让大学生在这种集体氛围的影响与感染下,逐步形成合乎社会要求的思想品德与行为习惯。

其次,教师要与时俱进,及时掌握时政信息,转变教学理念,提升教学能力,运用科学的教学方法,努力把课堂构筑成发挥自身作用的主渠道,成为大学生锤炼品格、学习知识、创新思维、奉献祖国的引路人。

再次,教师的言传身教影响着大学生道德品质的形成,"德高为师,身正为范",教师要按照"教书和育人相统一,言传和身教相统一"的要求,积极修为,让大学生产生心理上的认同并逐渐转化为行动上的追随,逐步成长为中国特色社会主义事业的建设者和接班人。作为中国特色社会主义事业的建设者和接班人,大学生不仅不能被恶劣的环境影响,爱惜羽毛,还应成为环境的变革者,自觉承担起环境变革的责任,不对已经建构起来的环境发生消极影响,同时培养变革环境中的不良要素的能力,进而将环境提升到更高层次,养成良好的道德品质以支撑环境,加快人的环境的建构及优化,推动开展大学生思想政治教育工作。

(四)创设良性的师生互动情境

情境教学作为高校实施思想政治教育的基本途径,必须加以重视。教师在对大学生进行思想政治教育时要充分利用情境的优势,不断给予大学生正面且积极的思想品德引导,让大学生自觉主动地参与到思想政治教育中来。

首先,增加师生间的互动交流。情境教学通过使用多种互动方式,实现大学生与教师的沟通交流,从而激发大学生的学习热情。如,问答环节,教师要提出体现一定思维含量的问题,让大学生在思考的过程中将思想道德品质内化于心;课堂辩论环节,教师将大学生分为两组对道德问题展开探讨,磨炼其道德判断水平,认清道德行为导向;情境模拟环节,教师抛出一个问题,让同学们自由组合进行情景模拟,将该问题涉及到的思想道德内容通过表演的方式在课堂上展现,让大学生身临其境,将道德认知转化为道德行为,达到知情意行统一的境界。情境教学的互动性不仅提高了大学生学习积极性,还保证了大学生思想政治教育的运行。

其次,运用现代多媒体教学手段。情境教学效果的好坏须依托多媒体的有效发挥。因此，高校应充分利用多媒体优势并将其广泛应用到大学生思想政治教育过程中。教师可通过播放道德模范事迹或使用声音、图片等刺激大学生的感官系统，引起大学生的情感共鸣，以优秀榜样人物的力量，熏陶感染大学生，使情境教学达到最佳效果，与此同时，大学生的道德素质得以塑造，意志品质也得到锻造，为思想政治教育的进一步实施提供有力的保障。

三、营造良好的高校思想政治教育的家庭环境

（一）加强对家庭教育环境重视度

"学校里的一切问题都会在家庭里折射地反映出来，学校复杂的教育过程中产生的一切困难的根源都可追溯到家庭"。家长与大学生之间的情感交流对家庭氛围产生直接影响，而家庭氛围又一定程度上决定大学生思想观念的形成，在和谐民主、温馨的家庭氛围下成长的大学生，其身心更容易得到健康的发展。相反，消极的家庭氛围使得大学生养成不良生活习惯，不利于大学生形成健康的人格，容易形成悲观、孤僻的性格。因此，加强对家庭教育环境重视度，营造一种和睦的家庭氛围，有助于推动大学生思想政治工作的进行，为更好地培育大学生成长成才创造更有利的条件。和谐的家庭氛围，需要家长拥有平和的心态，用循循善诱的方式去与大学生进行沟通交流，掌握大学生的心理状况，及时排解大学生在成长中经历的烦恼，需要家长同大学生之间建立一种信任，使得大学生愿意主动与家长沟通。沟通使得家长与大学生心灵的距离被拉近，进而营造和谐民主、温馨的家庭氛围，有助于大学生健康人格的形成。

（二）倡导全面发展的家庭教育新理念

大学生的思想观念与行为品德受家庭教育深刻的影响，家庭教育是大学生接受思想政治教育的起点，家长的教育理念直接影响大学生身心发展。家长应具有全面发展的家庭教育新理念，才能优化大学生思想政治教育家庭环境，一方面，随着社会经济的高速发展，家长应树立全面发展的理念，不应当受到功利主义的影响，只教导大学生注重文化知识的学习，而忽视思想政治教育，同时，大学生实践能力水平应同样得到家长重视，社会竞争越发激烈，现代社会需要的是能力强、素质高的复合型人才，对大学生的教育不能仅仅局限于专业知识更应注意大学生的品德修养。另一方面，家长对大学生教育观念应当把握尺度，家长不应当过分溺爱大学生，而应当在孩子遇到挫折时，提出有益的建

议，培养大学生独立面对困境的能力，使得大学生在挫折中增强自身的勇气与克服困难的毅力，分享大学生克服困难的喜悦、鼓励大学生正视失败经历的痛苦。并且坚持对大学生进行道德教育，培养大学生形成独立自强的人格、具有理想信念，做一个对社会有贡献的人。

（三）家长以身作则树立良好行为典范

家长是大学生的第一任老师，家长良好的自身素质、严谨的生活作风直接影响大学生的品格，家长的一言一行潜移默化的给孩子带来了深刻的影响。家长应不断学习家庭教育的相关内容，在具有高水平文化知识的基础上，不断学习运用新的教育方法，以科学的教育手段提高自身对大学生的思想政治教育能力，与此同时，家长要注重对自身道德水平的培育，需要以身作则，严格要求自己的言行举止，为大学生做好行为表率，通过自己的行为影响大学生的为人处世；家长要注重自身对知识的学习，不断充实自己的头脑，丰富自己的阅历，从而引导大学生以正确的心态去学习自身的专业知识；家长要养成合理的家庭消费观念，拒绝铺张浪费，将合理的消费观念作为教育内容，潜移默化的在生活中影响大学生，从而使大学生合理规划零花钱。家长的综合素质与生活理念直接决定一个家庭的生活方式，从而对大学生成长产生巨大的影响，因此，家长应当提高综合素质，具备良好生活理念，并不断加强自身思想政治教育学习，为大学生做好榜样。

四、构建高校思想政治教育环境合力

（一）充分发挥党和政府的主导作用

高校思想政治教育环境体系是一个复杂的环境系统，各环境子系统自身力量有限，需要党和政府的力量将这些环境整合在一起，实现各个环境要素之间互相配合，促进形成大学生思想政治教育环境系统。首先，党和政府明确环境要素中各主体的权利与义务。大学生思想政治教育环境是一个庞杂的体系，涉及多方主体，其中包括：政府与高校之间、高校与社会之间、高校与家庭之间、高校与学生之间等。因此，只有在明确各类环境主体拥有权利与承担义务的基础上，才能既准确的构建宏观的权利配置框架，又从微观上细化大学生的思想政治教育模式。其次，高校思想政治教育环境的各主体权利与义务的实现，必须建立在政府落实合理的教育资源配置基础上。"资源配置是指主体为了实现既定的思想政治教育目标和保证思想政治教育环境的正常开展,对所需的各种资源进行整合与调配的实践活动。"对各项资源进行配置,需将质与量两个层面统一,不仅要构建整体性、统一性、有质量的教育框架还要确保教育资源落实到各环境中。再次,政府强化管理与监督。政府是承担建设制度的社会部门,是建设高校思想政治教育体系的保障,因此,需要出台与高校思想政治教育水平相适应的国家政策,以确保其更好地发挥主导作用,并对政策运行的各个环节加以监督。实践中,要对违反高校思想政治教育环境的政策行为追究相应的责任,对未执行政策的主体给予严厉的处罚,各级政府加大力度对高校思想政治教育环境的优化情况进行监督,确保政策落到实处。

(二) 整合各环境要素形成教育合力

家庭环境、学校环境、社会环境分别有各自独立的特点,反映在大学生思想政治教育上有优势也有局限性。家庭、学校和社会这三个场所为大学生思想政治教育环境提供背景,互相支撑,"不要把教育的权力交给一个单独的、垂直的、有等级的机构,使这种机构组成社会中的一个独特团体。相反,所有的集体、协会、工联、地方团体和中间组织都必须共同承担教育的责任"。在改善高校思想政治教育环境的同时,要打破三者之间互相独立的局面,应整合各项教育资源,要使得各个要素相互配合,形成教育的合力,构建高校思想政治教育环境体系。首先,学校环境与社会环境相结合。高校思想政治教育环境与社会大环境相互影响与制约,社会环境对大学生的行为规范产生积极或者消极的影响,和谐稳定的社会环境优化高校教育环境。高校思想政治教育环境一定程度上制约社会环境,因此,要加强大学生与社会环境之间的联系,高校教育者应增加社会实践活动,引导其走进社会。同时,高校教育者应利用好其优势,直接正面教育大学生。其次,学校教育环境与家庭环境相结合。两者相结合可以使大学生思想政治教育的实效性充分增强。学校及时向家长反映大学生的在校情况,方便家长了解大学生的生活状况,有针对性地进行家庭教育。如,设置家长委员会,方便家长定期主动向学校反映大学生在家庭生活中的思想动态,有助于教育者对其进行思想教育,并及时调整教育方法。最后,社会环境与家庭环境相结合。每一个小家庭都在社会这个大家庭之中,只有社会大家庭整体进步,每个小家庭才会获得幸福。家庭教育要从家长做起,最大程度地对大学生进行思想政治教育工作,为社会教育提供帮助,同时,社会教育要采取易于进行的教育方式,配合家庭教育的特点更好地与家庭教育相结合,促进家庭教育的教育效果。

(三) 建立激励与信息反馈机制

为达到优化大学生思想政治教育环境的目的，除了要建立一个"三位一体"的思想政治教育环境体系外，还需要建立与之相适应的激励与信息反馈机制。激励是指为实现教育目的，教育者通过设计一定的奖励来激发、引导、规范大学生的行为，有效地实现教育目标的过程。物质激励与精神激励是对大学生进行思想政治教育的两种激励方式，有关教育部门应从实际出发，根据社会环境、学校环境、家庭环境之间的发展水平，制定与之分别适应的激励办法。从高校中抽调专家成立评估思想政治教育环境的专家组，评估社会环境、学校环境、家庭环境，对于达到标准的团体或者个人进行奖励，对于优秀的典型向社会进行报道，通过树立典型，促进大学生思想政治教育环境体系形成。反馈是对优化思想政治教育环境的成果进行评估，并且根据评估结果对接下来的工作进行有的放矢的调整，是互动的环节。通过建立反馈机制，保障各环境要素之间结合，便于及时发现问题，将大学生思想政治教育的问题解决在萌芽状态。

第九章　高校思想政治教育的发展展望

习近平总书记多次强调:"要坚持把立德树人作为中心环节,把思想政治工作贯穿教育教学全过程,实现全程育人、全方位育人,努力开创我国高等教育事业发展新局面。"党和国家对高校思想政治教育工作高度重视并充满期待,推进高校思想政治教育创新发展,既是党和国家治理智慧深化发展的必然,也是高校思想政治教育自身发展的内在需求和发展趋势。

一、完善在党领导下多方参与的高校思想政治教育制度设计

邓小平强调:"不是说个人没有责任,而是说领导制度、组织制度问题更带有根本性、全局性、稳定性和长期性。"因此,制度对于高校思想政治教育发展而言,具有根本性的指导和规范作用,制度化是新时代高校思想政治教育创新发展的应然状态和必然趋势。高校思想政治教育制度化的发展程度决定着高校思想政治教育的稳定性、前瞻性和规范化程度,而制度化的发展水平从根本上取决于制度设计是否科学有效。因而持续完善高校思想政治教育治理的制度设计和主体结构,既有助于推动高校思想政治教育体系现代化,也有利于高校思想政治教育自身的内涵式发展。不断完善高校思想政治教育制度设计,既要把握"中国共产党领导是中国特色社会主义制度的最大优势",遵循党的领导在高校思想政治教育制度设计中具有根本性地位的基本逻辑,又要融合多元主体协同育人的理念,将充分调动多方力量参与制度设计与坚持党的统一领导有机结合起来,健全完善在党的领导下多方参与高校思想政治教育制度设计的主体格局。始终坚持党在高校思想政治教育制度设计中的核心领导地位,不断发挥高校组织系统对思想政治教育制度设计的经验智慧,积极引导社会多方力量围绕高校思想政治教育制度设计协同发力,为形成科学有效的高校思想政治教育制度机制,推动高校思想政治教育制度化、现代化发展进程奠定基础。

二、彰显思想价值引领深刻融入人才培养体系的目标追求

习近平总书记强调:"高校思想政治工作关系高校培养什么样的人、如何培养人以及为谁培养人这个根本问题。"为党育人、为国育才是高校思想政治教育各方面的核心任务,在人才培养体系中深刻融入思想价值引领,培养社会发展所需的优秀人才,培育堪当民族复兴大任的时代新人是高校思想政治教育的必然要求和目标追求。高校思想政治教育的目标影响着高校思想政治教育改革发展的深刻性、价值性和引领性,而育人目标的实现程度从根本上取决于人才培养体系的建构是否深刻融入了思想价值引领,深刻融入思想价值引领的人才培养体系是促进高校思想政治教育人本化、科学化、内涵式发展,保障高校思想政治教育回应性、深入性和引领性的重要前提。因而在人才培养体系中深刻融入思想价值引领,彰显高校思想政治教育的目标追求,既有助于促进高校思想政治教育有效完成育人使命,也有利于高校思想政治教育自身的革新和现代化发展。始终彰显思想价值引领深刻融入人才培养体系的目标追求,既要从高校思想政治教育的主渠道稳抓落实,以优化完善思政课程建设本身为基本路径,又要充分吸纳马克思主义环境塑造人的理论成果,将高校育人的丰富课程体系、校园文化环境与思政课程建设同时纳入人才培养的关键领域,促进思想价值引领深刻融入人才培养的各环节和各领域,坚定人才培养体系的社会主义方向和正确价值导向。持续完善以三全育人为路径的嵌入式思政课程建设,构建以立德树人为核心的全覆盖式课程思政体系,创设以培育时代新人为主旨的全景式校园文化环境,为建构深刻融入思想价值引领的极具活力的人才培养体系,推动高校思想政治教育的人本化、现代化发展进程引领方向。

三、建构协同联动的高校思想政治教育运行机制

新的历史条件下,高校思想政治教育要着力建构运行有效的实践机制。有效的运行机制对于高校思想政治教育而言,既是确保制度和政策能落地落实的重要载体,也是保障育人目标能最终实现的方式方法。高校思想政治教育的运行机制影响着高校思想政治教育的可操作性、可测评性和效能化,而运行机制是否科学有效主要取决于运行机制的建构是否保持了协同联动的动态平衡,协同联动的高校思想政治教育机制是促进高校思想政治教育规范化、一体化、效能化发展,保障高校思想政治教育持续性、有序性和有效性的重要前提。因而

积极建构协同联动的高校思想政治教育运行机制，既有助于促进高校思想政治教育顶层设计规划的落地落实，也有利于高校思想政治教育的具体实践环节有序推进、协调发展。积极建构协同联动的高校思想政治教育运行机制，既要在建构的整个过程中切实遵循高校思想政治工作规律、学生成长发展规律和教书育人规律等基本规律，又要紧密联系实际、坚持问题导向，切实观照高校思想政治教育的实践过程，应对实践中遇到的难题困境，构建起遵循规律性、富有实践性的协同联动的运行机制。持续遵循规律性，推动思想政治教育的规范化发展；强调实践性，促进治理的一体化建设；优化协同性，保障治理的效能化发展，为建构协同联动的高校思想政治教育运行机制，推动高校思想政治教育的效能化、现代化发展进程保驾护航。

四、培养高素质专业化的高校思想政治教育工作队伍

习近平总书记指出，要"整体推进高校党政干部和共青团干部、思想政治理论课教师和哲学社会科学课教师、辅导员班主任和心理咨询教师等队伍建设，保证这支队伍后继有人、源源不断"。党和国家高度重视高校思想政治教育工作队伍建设，无论是高等教育事业发展，还是高校思想政治工作都需要坚定可靠的思想政治教育工作者来推进。多年来，高校思想政治教育工作队伍在高校思想政治教育工作的理论和实践发展过程中都作出了重要贡献，这支队伍必不可少。立足新时代，培养高素质专业化的高校思想政治教育工作队伍，是推进高校思想政治教育创新发展的重要课题。

参考文献

[1] 艾建平."三全育人"理念下材料类专业"课程思政"的理论认识与实践路径探讨[J]. 西部素质教育,2020(12):5-7.

[2] 安娜,孔祥成. 基于信息化背景下高校思政课教学改革探究[J]. 探索科学,2019(3):320-321.

[3] 白翠红. 高校德育思维方式发展研究[M]. 广州:中山大学出版社,2018.

[4] 白显良. 高校思想政治理论课教学改革创新研究[M]. 北京:人民出版社,2019.

[5] 蔡田,李翔宇,贾伟杰. 高校思想政治教育前沿问题探究[M]. 北京:中国书籍出版社,2014.

[6] 常建莲. 多维视角下的思想政治教育探索与实践研究[M]. 西安:西安交通大学出版社,2016.

[7] 成桂英,王继平. 课程思政是提高高校教师思想政治工作实效性的有力抓手[J]. 思想理论教育导刊,2019(8):142-146.

[8] 陈月兰. 核心价值观引领大学生思想政治教育研究[M]. 北京:中国商务出版社,2018.

[9] 陈志华. 坚持思想政治教育的本质属性:政治性与科学性的有机统一[J]. 理论与改革,2006(5):152-154.

[10] 陈志军. 社会主义核心价值体系融入大学生思想政治教育全过程研究[M]. 北京:光明日报出版社,2009.

[11] 戴丽红. 当代大学生思想政治教育创新探索[M]. 成都:电子科技大学出版社,2016.

[12] 邓喜英. 新时代高校大学生思想政治教育创新研究[M]. 北京:中国华侨出版社,2021.

[13] 党静雯,裴育萍,李慧. 高校思想政治教育理论创新与实践探索[M]. 北京:中国纺织出版社,2017.

[14] 丁海蒙. 校园文化与高校德育联动探究［M］. 上海：立信会计出版社，2013.

[15] 董海涛，单学亮. 经济新常态下思想政治教育的现代转型［J］. 长春理工大学学报（社会科学版），2017（4）：10－14＋56.

[16] 杜杨建. 人本理念下的高校思想政治教育工作浅析［J］. 知识经济，2020（14）：154，161.

[17] 高立伟. 思想政治教育方法论现代转换［J］. 思想教育研究，2010（5）：100－103.

[18] 冯刚，吴成国，李海峰. 新时代高校思想政治教育前沿研究［M］. 北京：人民出版社，2022.

[19] 傅冬，曾娅丽，高慧. 高职院校"双师型"教师队伍建设的问题与对策［J］. 现代商贸工业，2019（4）：107.

[20] 傅琴. 高校校园艺术文化研究［M］. 武汉：中国地质大学出版社，2016.

[21] 葛红梅. 现代化视阈下思想政治教育的反思与构建［M］. 北京：研究出版社，2020.

[22] 顾海良. 新时代高校思想政治教育的理论指导和发展理念——学习习近平新时代中国特色社会主义思想［J］. 思想理论教育导刊，2018（1）：4－10.

[23] 桂捷. 高校德育与心理健康教育研究［M］. 沈阳：东北大学出版社，2018.

[24] 郭纯生，顾振华，徐雁华，郭琴. "微时代"下大学生思想政治教育的应对策略——以创新扩散理论为依据［J］. 福州大学学报（哲学社会科学版），2014（4）：105－108.

[25] 顾钰民. 新时代思想政治理论课传统优势同信息技术高度融合研究［J］. 思想理论教育导刊，2018（9）：75－78.

[26] 郭晗. 新时期高校思想政治教育工作创新与发展研究［M］. 北京：北京工业大学出版社，2021.

[27] 郭志栋. 新时代背景下大学生思想政治教育研究［M］. 天津：天津人民出版社，2019.

[28] 蒋德勤，侯保龙. 高校思想政治教育实践育人创新路径［J］. 思想理论教育导刊，2016（02）：143－147.

[29] 黄蓉生，白显良，张勇华. 社会主义核心价值体系视域下大学生思想政治教育创新［J］. 思想理论教育，2008（15）：14－19.

[30] 黄煜玮,戴荣四. 新媒体视域下大学生思想政治教育模式研究 [J]. 淮南职业技术学院学报,2020 (1):19−20.

[31] 胡永松. 新时代背景下大学生思想政治教育创新研究 [M]. 北京:国家行政学院出版社,2018.

[32] 贾丽. 思想政治教育教学与反思研究 [M]. 长春:吉林大学出版社,2016.

[33] 贾西贝. 新时期大学生思想政治教育创新研究 [M]. 石家庄:河北人民出版社,2019.

[34] 季海菊. 转型何以必要:大数据时代高校思想政治教育 [J]. 南京社会科学,2017 (9):150−156.

[35] 纪慧,蔡珍珍. 高等医学院校教学管理 [M]. 北京:科学出版社,2016.

[36] 金永宪. 当代大学生思想政治教育创新研究 [M]. 延吉:延边大学出版社,2022.

[37] 季泽军,曾诚. 大学生思想政治教育发展与创新研究 [M]. 北京:新华出版社,2014.

[38] 李国毅. 大学生心理健康教育 [M]. 北京:国家行政学院出版社,2019.

[39] 李辉,刘修华. 习近平思想政治工作思想论纲 [J]. 思想政治教育研究,2018,34 (1):6−10.

[40] 李良庆. 高校思想政治教育工作创新研究 [M]. 延吉:延边大学出版社,2022.

[41] 李霓. 新媒体时代大学生思想政治教育挑战与创新 [M]. 天津:天津科学技术出版社,2018.

[42] 刘爱萍. 高校大学生思想政治教育理论与实践创新路径研究 [M]. 长春:吉林出版集团股份有限公司,2020.

[43] 刘便花. 高校大学生思想政治教育创新与实践研究 [M]. 北京:国家行政学院出版社,2017.

[44] 刘洪敏. 新时期大学生思想政治教育理论研究 [M]. 北京:北京理工大学出版社,2015.

[45] 刘利,潘黔玲. 互联网+视域下思政课教学理论与实践发展研究 [M]. 长春:吉林大学出版社,2017.

[46] 刘利峰. 思想政治教育与创新研究 [M]. 北京:北京理工大学出版社,2019.

[47] 刘芳. 传统德育资源的当代挖掘与现代性转化 [J]. 学校党建与思想教

育，2018（20）：31.

[48] 刘淋淋，刘名学，段华琼. 大学生思想政治教育实践与创新 [M]. 延吉：延边大学出版社，2022.

[49] 刘雪峰. 高校思想政治教育与校园文化建设创新研究 [M]. 哈尔滨：黑龙江大学出版社，2014.

[50] 李欣. 网络环境下学校思想政治教育的改革与发展 [M]. 长春：东北师范大学出版社，2018.

[51] 李学昌. 高校大学生思想教育理论与实践创新路径研究 [M]. 长春：吉林出版集团股份有限公司，2020.

[52] 李艳秋. 习近平新时代中国特色社会主义思想深度融入高校思想政治理论课教学研究 [J]. 思想教育研究，2019（4）：93-97.

[53] 李宗艳. 基于互联网的现代高校思想政治教育工作创新研究 [M]. 北京：中国民主法制出版社，2023.

[54] 骆郁廷. 思想政治教育原理与方法 [M]. 北京：北京师范大学出版社，2019.

[55] 吕康辉. 全球化背景下的思想政治教育有效性研究 [D]. 福州：福建师范大学，2002.

[56] 马超. 思想政治教育方法论现代性研究 [D]. 长春：吉林大学，2014.

[57]《马克思主义哲学史》编写组. 马克思主义哲学史 [M]. 北京：高等教育出版社，2012.

[58] 马俊，王长华. 新时代高校教师思想政治工作的内涵、特征和优化路径——学习习近平关于高校教师思想政治工作的重要论述 [J]. 社会主义研究，2018（3）：63-69.

[59] 马力. "互联网+"形势下思想政治教育现状及对策研究 [J]. 教育教学论坛，2020（5）：67-68.

[60] 毛文璐. 高校思想政治教育与当代大学生政治社会化研究 [M]. 长春：吉林人民出版社，2016.

[61] 邱双成. 新时期中学思想政治教育前沿问题研究 [M]. 银川：宁夏人民出版社，2018.

[62] 冉政. 新时代大学生美育教育与思想政治教育创新研究 [M]. 重庆：重庆大学出版社，2022.

[63] 桑利娥. 关于高校"思政课程"与"课程思政"的几点思考 [J]. 现代职业教育. 2020（10）：142-143.

[64] 孙飞, 赵攀. 互联网+时代下高校思想政治教育创新研究 [J]. 山西财经大学学报, 2016 (11): 111-112.

[65] 孙其昂. 思想政治教育学前沿研究 [M]. 北京: 人民出版社, 2013.

[66] 滕飞. 思行致新: 高校思想政治育人工作的探索与实践 [M]. 北京: 中国经济出版社, 2018.

[67] 王引兰. 信息化背景下高校思政课教学改革探究 [J]. 吕梁学院学报, 2018, 8 (1): 50-53.

[68] 万娟. 基于创新发展的高校思想政治教育研究 [M]. 长春: 吉林大学出版社, 2021.

[69] 邬国良. 高校思想政治理论课教学现状分析及其对策 [J]. 北京工业职业技术学院学报, 2016 (3): 74-76.

[70] 伍洁, 朱君. 多元文化背景下高职院校思想政治理论课教学理念创新研究 [J]. 当代教育理论与实践, 2009 (3): 72-74.

[71] 伍林生. 当代大学生思想政治教育工作热点问题透析 [M]. 成都: 西南交通大学出版社, 2016.

[72] 习近平. 在纪念五四运动 100 周年大会上的讲话 [M]. 北京: 人民出版社, 2019.

[73] 徐玉生, 张云霞, 郑宇. 推进高校思政课与新媒体新技术高度融合——第二届全国高校思政课"江南论坛"研讨会综述 [J]. 思想理论教育导刊, 2018 (5): 157-159.

[74] 姚彩云. 新时代高校思想政治教育工作研究 [M]. 北京: 中国财富出版社, 2020.

[75] 杨如恒. 新时代大学生思想政治教育 [M]. 石家庄: 河北人民出版社, 2018.

[76] 杨文静. "微时代"背景下高校思政理论课教学模式改革新思考 [J]. 湖北开放职业学院学报, 2019, 32 (19): 62-64.

[77] 曾学龙等. 民办高职院校思想政治课协同育人教学模式创新的实践 [M]. 广州: 广东高等教育出版社, 2018.

[78] 张贵仁. 新媒体环境下高校思想政治教育实效性解析 [J]. 佳木斯教育学院学报, 2014 (2): 50-51.

[79] 张丽. 适应时代要求: 新时代高校思想政治工作的创新研究 [M]. 沈阳: 辽宁大学出版社, 2020.

[80] 张淼, 辛巍巍. 高校思想政治教育的创新研究 [M]. 哈尔滨: 黑龙江教

育出版社，2022.

[81] 张明珠，李月衡. 当代中国思想政治教育转型及其对策研究 [J]. 科教文汇，2017（12）：8-10.

[82] 张霞. 新时代高校思想政治教育的路径创新研究 [M]. 北京：中国纺织出版社有限公司，2022.

[83] 赵佳寅. 大学生思想政治微教育模式研究 [D]. 长春：吉林大学，2017.

[84] 赵丽芳. 新中国成立以来大学生思想政治教育的发展历程及其现状研究 [D]. 天津：天津商业大学，2015.

[85] 郑璐."课程思政"背景下的高校思政教育工作创新研究 [J]. 山西青年，2020（14）：264-265.

[86] 中共中央文献编辑委员会. 邓小平文选 [M]. 北京：人民出版社，1994.

[87] 中共中央文献研究室. 习近平关于社会主义政治建设论述摘编 [M]. 北京：中央文献出版社，2017.

[88] 朱华西，谢厚亮，汪峻峰. 新时代高校网络思想政治教育教学平台的应用研究 [J]. 延安职业技术学院学报，2020（2）：23-25，29.

[89] 朱考华，李辉. 高校青年教师政治理论学习的现状分析 [J]. 学校党建与思想教育，2017（24）：72-73，76.